Himmelske soufflékreationer

100 lækre opskrifter på velsmagende og søde souffléer med fantastiske farvebilleder

Kirsten Axelsson

Copyright materiale ©2023

Alle rettigheder forbeholdes

Ingen del af denne bog må bruges eller transmitteres i nogen form eller på nogen måde uden korrekt skriftligt samtykke fra udgiveren og copyright-indehaveren, bortset fra korte citater brugt i en anmeldelse. Denne bog bør ikke betragtes som en erstatning for medicinsk, juridisk eller anden professionel rådgivning.

INDHOLDSFORTEGNELSE

INDHOLDSFORTEGNELSE..3
INTRODUKTION...8
MORGENMAD..10
1. Soufflé pandekager..11
2. Edammerostsoufflé med bacon....................................14
3. Morgenmad soufflé..17
4. Hollandsk Ovn Bacon Soufflé......................................19
5. Soufflévafler med tre oste...22
6. Bagt æg soufflé..25
7. Bagte polenta souffléer med Taleggio sauce..............27
8. Havregrynssoufflé...30
9. French Toast Soufflé...33
10. Feta og soltørret tomat soufflé omelet.....................36
FORRETTER...38
11. Mini- souffelbid...39
12. Butternut Squash Soufflé Bites.................................41
13. Chile ostesoufflé firkanter...43
14. Salte karamel popcorn souffléer...............................46
15. Soufflé æggehvide kugler med rød bønnepasta.....50
HOVEDRET..52
16. Majs soufflé..53
   17. Thanksgiving gulerodssoufflé................................55
18. Acorn squash soufflé..57
19. Broccoli soufflé..60

20. Soufflétærte med røget laks..62
21. Skinke cheddar purløg soufflé...65
22. Fasan soufflé...68
23. Knoldselleri & ostesoufflé..70
24. Spinat soufflé...74
25. Roegrøn soufflé..77
26. Monterey Jack Soufflé..80
27. Rødbedesoufflé med peberrod..82
28. Majs soufflé...86
29. Rejesoufflé _...88
30. Chile-majs soufflé..90
31. Bonapartes tilbagetog majs soufflé....................................93
32. Brødbudding soufflé...95
33. Broccoli soufflé..98
34. Chili ost soufflé..100
35. Porcini soufflé med sauce og hvid trøffelolie................103
36. Ratatouille og chevre soufflé...107
37. Rosenkål soufflé...111
38. Huevos ranchero gryderet soufflé....................................114
39. En æble-ris soufflé..117
40. Kyllingesufflésalat _..120
41. Makaroni soufflé..123
42. Nudler & svampe soufflé...125
43. Artiskok & østers soufflé...127
44. Asparges soufflé...129
45. Av o cado salat soufflé...131
46. Roegrøn soufflé..133

47. Butternut squash soufflé..136
DESSERT...138
48. Chokolade sky soufflé..139
  49. Chokolade soufflé kage...141
50. Jordbær soufflé..143
51. Ukrainsk dampet kålsoufflé..145
52. Abrikos og pistacie soufflé..148
53. Calendula soufflé...151
54. Fal len citron soufflé..154
55. Frosset tranebærsoufflé med spundet sukker...............157
56. Iced abrikos soufflé...161
57. Grand marnier & orange is-soufflé..............................164
58. Spansk pan soufflé..167
59. Orange Jelly Soufflé..169
60. Violet soufflé..171
61. Pistacie-soufflé med pistacieis......................................173
62. Fransk hvid chokolade soufflé.....................................177
63. Æblesouffléer med saltet karamelsauce......................180
64. Afkølet citronsoufflé...184
65. Brændt pære og blå ost soufflé....................................187
66. Banan kakao soufflé..191
67. Mokka Soufflé s...193
68. Hindbær soufflé...196
69. Chokolade Marshmallow Soufflé................................199
70. Is Kiwi Soufflé...202
71. Chokoladesouffléer med pærer....................................205
72. Grand Marnier Soufflé..208

73. Ahornsirup soufflé 211
74. Orange soufflé 213
75. Æble soufflé 216
76. Abrikos soufflé 219
77. Bagt chokoladebudding soufflé med bananer 222
78. Banan chokolade chip souffléer 225
79. Sort og hvid banan split soufflé 227
80. Schwarzwald soufflé 230
81. Blender soufflé 233
82. Blintz soufflé 235
83. Blue cheese soufflé 238
84. Blåbær citron soufflé tærte 241
85. Bryn nie soufflé med myntecreme 244
86. Carob-mokka soufflé 247
87. Bil en mel æblenøddesoufflé 250
88. Kastanje soufflé 253
89. Chokolade pebermynte souffléer 255
90. Chokolade chippy crunch soufflé 259
91. Kold frugt soufflé 263
92. Crockpot ost soufflé 265
93. Daiquiri soufflé 267
94. Drambuie soufflé 270
95. Frosset grand marnier soufflé 273
96. Frugtkage souffléer 276
97. Glace rød hindbær soufflé 279
98. Hominy soufflé 282
99. Jasmin te soufflé med citrongræs-is 284

100. Orange - æggesnapssoufflé...288
KONKLUSION...291

INTRODUKTION

Velkommen til en verden af souffléer, hvor du kan nyde de lette, luftige og lækre kreationer, der er perfekte måltider eller desserter til enhver lejlighed. Denne kogebog er din ultimative guide til at skabe de mest himmelske souffléer, uanset om du er en erfaren kok eller nybegynder kok.

Indeni finder du 100 mundrette opskrifter på souffléer af enhver art, fra klassiske oste- og spinatsufléer til søde sager som chokolade- og hindbærsouffléer. Hver opskrift er ekspertudviklet for at sikre, at dine souffléer hæver perfekt og har en fløjlsblød tekstur, der smelter i munden.

Udover opskrifterne finder du nyttige tips og tricks til at lave den perfekte soufflé hver gang. Du finder også fantastiske farvebilleder af hver opskrift, så du kan se præcis, hvordan din soufflé skal se ud.

Uanset om du er vært for et middagsselskab eller bare leder efter en trøstende dessert, har

Soufflé-kogebogen alt, hvad du behøver for at skabe den perfekte soufflé hver gang.

MORGENMAD

1. Soufflé pandekager

Gør: 2

INGREDIENSER
- 1 medium fritgående æg, adskilt, plus 1 ekstra æggehvide
- 2½ spsk strøsukker
- ½ tsk vaniljeekstrakt
- 2 spsk sødmælk
- 4 spsk almindeligt mel
- ¼ tsk bagepulver
- ¼ tsk fløde tatar
- Smør til at smøre
- Ahornsirup, saltet smør og flormelis til servering

INSTRUKTIONER:
a) Pisk æggeblomme, halvdelen af sukkeret og vanilje sammen i en lille skål, indtil det er bleg og skummende.

b) Tilsæt mælken, pisk, indtil det er godt blandet, sigt derefter mel, bagepulver og en knivspids salt i og bland, indtil det er inkorporeret.

c) I en separat ren skål kombineres æggehvider og fløde af tatar.

d) Pisk med en elektrisk håndmixer til bløde toppe.

e) Tilsæt det resterende sukker og fortsæt med at piske indtil stive, blanke toppe.

f) Fold æggeblommeblandingen ind i marengsen i 2 tilsætninger ved hjælp af en ottetalsbevægelse, indtil den netop er kombineret - bland ikke for meget, ellers slår du luften ud.

g) Opvarm en stor gryde med slip-let låg over medium varme.

h) Smør panden meget let, og hæld derefter omkring ⅔ af dejen i i 2 store bunker med god afstand fra hinanden.

i) Tilsæt 2 teskefulde vand til gryden, dæk derefter til og reducer varmen til den laveste indstilling og kog i 4 minutter.

j) Fordel den resterende dej mellem de 2 pandekager, dæk derefter til igen og kog i yderligere 4 minutter.

k) Vend forsigtigt pandekagerne og steg i 4 minutter mere.

l) Server med det samme, toppet med smør, en dryss af flormelis og ahornsirup.

2. Edammerostsoufflé med bacon

Giver: 8 portioner

INGREDIENSER:
Bechamel:
- 5 teskefulde mel
- 6 æggeblommer
- knivspids salt
- 1 ¼ kop mælk, kogt
- knivspids cayennepeber
- ¼ kop smør
- knivspids peber

OST BLANDING:
- knivspids salt
- 3 ounce flødeost
- ¼ pund lille brunoise af bacon
- 3 ounce Edammer ost
- 8 æggehvider, pisket
- 2 ounce smør

INSTRUKTIONER:
a) Smelt smørret, tilsæt melet og kog uden at brune, indtil blandingen begynder at boble.
b) Tilsæt gradvis varm mælk under konstant piskning. Kog indtil konsistensen bliver glat og tyk og begynder at koge. Fjern fra varmen.
c) Bland blommer, salt, peber og cayenne i blandingen.

d) Forvarm ovnen til 350F.
e) Drys revet parmesan jævnt rundt om en smurt ramekin. Forbered et vandbad til soufflé og varm i ovnen.
f) I en skål smeltes flødeost, smør og Edammerost. Tilsæt Bechamel til osteblandingen. Med en spatel foldes de bløde piskede æggehvider ind i blandingen.
g) Sauter bacon
h) i en gryde til de er sprøde. Dræn overskydende fedt og læg det på et køkkenrulle.
i) Fyld den forberedte ramekin med blandingen til toppen. Rens kanterne af ramekinen for eventuel ekstra blanding. For at bage soufflé placeres ramekins i bain Marie i 15 minutter, indtil det puffer 1 tomme over ramekinen. Tag souffléen ud af ovnen for at køle af. Læg en teskefuld sprød bacon i midten af souffléen.
j) Læg Ramekin på en tallerken med en quenelle af løgsorbet.
a)

3. Morgenmad soufflé

Gør: 2

INGREDIENSER :
- 2 æg
- 2 spsk fløde
- Rød chilipeber
- Persille

INSTRUKTIONER:
a) Hak persille og chili fint. Kom æggene i en skål og rør fløde, persille og peber i.
b) Fyld fadene op til halvt med æggeblandingen.
c) Bag souffléerne ved 200 grader i 8 minutter.

4. Hollandsk Ovn Bacon Soufflé

Gør: 2

INGREDIENSER:
- 4 kopper daggammelt hvidt eller franskbrød i tern
- ⅓ teskefuld løgpulver
- 2 kopper revet cheddarost
- skvæt stødt peber
- 10 æg, let pisket
- ½ pund kogt bacon, smuldret
- 3 kopper mælk
- ½ kop skivede svampe
- 1 tsk brun sennep
- ½ kop hakkede, flåede tomater
- 1 tsk salt

INSTRUKTIONER:
a) Beklæd den hollandske ovn med aluminiumsfolie eller smør ovnen rigeligt.
b) Arranger brødterninger i ovnen og drys dem med ost.
c) Pisk æg, mælk, sennep, salt, peber og løgpulver sammen.
d) Hæld jævnt over ost og brød. drys med bacon,
e) svampe og tomater. Dæk til og afkøl natten over.

f)Fjern fra køleren efter hævning, så den hollandske ovn kan varmes.
g)Bages i cirka 1 time ved 350 grader.

5. Soufflévafler med tre oste

Gør: 10 til 12

INGREDIENSER
- 4 æg, adskilt
- 2¼ kopper mælk
- 4 ounce smør, smeltet
- ½ kop revet parmesan
- ½ kop revet mozzarella
- ¼ kop revet provolone
- 3 kopper universalmel
- 1 spsk bagepulver
- 1 tsk bagepulver
- 1 tsk kosher salt
- 1 kop finthakket purløg

INSTRUKTIONER:
a) Sæt Sear and Press Grill op med vaffelpladerne. Vælg 450°F for de øvre og nedre plader. Tryk på Start for at forvarme.
b) Kombiner æggeblommer, mælk og smør og pisk, indtil det er godt blandet.
c) Kom ost, mel, bagepulver, natron og salt i en stor røreskål og lav en brønd i midten.
d) Hæld æggeblandingen i og fold, indtil det lige er blandet.
e) Pisk æggehvider med en elpisker, indtil der dannes faste toppe.

f) Vend vaffeldejen igennem sammen med hakket purløg.

g) Når forvarmningen er færdig; den grønne klar-lampe vil lyse.

h) Tilsæt ½ kop dej i hver vaffelfirkant.

i) Luk låget og kog til de er gennemstegte og gyldenbrune.

j) Dette vil tage cirka 4-5 minutter, eller indtil det er kogt efter din smag.

6. <u>Bagt æg soufflé</u>

Giver: 6 portioner

INGREDIENSER:
- 12 skiver hvidt brød
- 2 spsk smør, blødgjort
- 6 skiver deli skinke
- 6 skiver amerikansk ost
- 3 kopper mælk
- 4 æg, pisket
- salt og peber efter smag

INSTRUKTIONER:
a) Smør den ene side af hver brødskive med smør.
b) Arranger 6 skiver med smørsiden nedad i en let smurt 13"x9" bradepande.
c) Anret skinke og ost ovenpå. Dæk med det resterende brød, smørsiden opad.
d) Pisk mælk og æg sammen til det er skummende; hældes over det hele.
e) Drys med salt og peber.
f) Bages uden låg ved 350 grader i 50 minutter, eller indtil de er gyldne.
g) Lad stå i 5 minutter før servering.

7. Bagte polenta souffléer med Taleggio sauce

Gør: 6

INGREDIENSER
- 60 g usaltet smør
- 50g instant polenta, plus ekstra til støv
- 60 g almindeligt mel
- 2½ dl mælk
- 4 æg, adskilt, plus 2 ekstra æggeblommer
- 300 g Taleggio, svær fjernet, hakket
- 300 ml ren creme
- Revet parmesan og salat til servering

INSTRUKTIONER:
a) Forvarm ovnen til 160°C. Smør otte ½ kop dariole-forme med smør og drys med polenta.

b) Smelt smørret i en gryde ved svag varme. Øg varmen til medium, tilsæt mel og kog i 2-3 minutter. Tilsæt mælken og pisk forsigtigt til det er glat. Fjern fra varmen og pisk polenta i. Lad stå i 5 minutter for at køle lidt af.

c) Pisk de 4 æggehvider med elpiskere til stive toppe. Rør de 6 æggeblommer i den afkølede polentablanding, og vend derefter forsigtigt æggehviden i.

d) Fyld formene til tre fjerdedele med souffléblanding og kom dem over i en bradepande. Hæld nok kogende vand i gryden til at komme halvvejs op ad siderne af formene. Bages i 25 minutter eller indtil hævet.

e) Vend formene ud på en bageplade beklædt med bagepapir. Læg Taleggio og fløde i en varmefast skål over en gryde med let kogende vand, og rør af og til, indtil det er smeltet og glat.

f) Hæld Taleggio-saucen over hver soufflé og drys med parmesan. Bages i 25 minutter eller indtil de er hævede og gyldne, og server derefter med en grøn salat.

8. Havregrynssoufflé

Gør: 4

INGREDIENSER:
- 1 kop ekstra tyk havregryn
- 3 kopper sødmælk
- 2 spsk turbinado sukker
- Knip kosher salt
- 3 store æg, adskilt
- 2 kopper blandede hindbær og blåbær
- ½ tsk fintrevet citronskal
- Konditorsukker, til afstøvning
- Ren ahornsirup, til servering

INSTRUKTIONER:
a) Forvarm ovnen til 350°. Smør en 2-liters bageform.
b) Kombiner havre, mælk, turbinado sukker og salt i en stor gryde og bring det i kog.
c) Kog over moderat varme, under omrøring af og til, indtil den er tyknet til en grødkonsistens, cirka 15 minutter. Fjern fra varmen; lad køle lidt af.
d) Arbejd hurtigt og rør æggeblommerne i havregrynene, indtil de er godt blandet.
e) Vend 1 kop af bærrene og citronskal i.
f) I en stor skål pisk æggehviderne med en håndmixer ved middel hastighed, indtil der dannes

mellemstive toppe, cirka 3 minutter. Vend forsigtigt hviderne ind i havregrynene, indtil de er blandet.

g) Skrab blandingen i det tilberedte fad og bag i cirka 30 minutter, indtil den er gylden og hævet.

h) Drys med konditorsukker og server varm med den resterende 1 kop bær og ahornsirup, hvis det ønskes.

9. French Toast Soufflé

Gør: 12

INGREDIENSER:
- 10 kopper hvidt brød tern
- 8-ounce pakke blødgjort fedtfattig flødeost
- 8 æg
- 1½ dl mælk
- ⅔ kop halv og halv fløde
- ½ kop ahornsirup
- ½ tsk vaniljeekstrakt
- 2 spsk konditorsukker

INSTRUKTIONER:
a) Placer brødterninger i en let smurt 9x13-tommer bradepande.
b) I en stor skål, pisk flødeost med en elektrisk mixer ved medium hastighed, indtil glat.
c) Tilsæt æg et ad gangen, bland godt efter hver tilsætning.
d) Rør mælk, halv og halv, ahornsirup og vanilje i, indtil blandingen er jævn.
e) Hæld flødeostblanding over brødet; dæk til og stil på køl natten over.
f) Næste morgen skal du tage souffléen ud af køleskabet og lade den stå ved stuetemperatur i 30 minutter. I mellemtiden forvarm ovnen til 375 grader F.

g) Bages uden låg i 30 minutter i den forvarmede ovn, eller indtil en kniv, der stikkes i midten, kommer ren ud.

h) Drys med konditorsukker, og server lun.

10. Feta og soltørret tomat soufflé omelet

Giver: 1 portion

INGREDIENSER:
- 3 mellemstore æg; adskilt
- 1 spsk vand
- 2 tsk soltørret tomatpure
- 25 gram smør; (1 oz)
- $\frac{1}{2}$ 200 g pakke fetaost; skæres i små tern
- 3 soltørrede tomater; groft hakket
- 4 sorte oliven; skåret i kvarte
- 15 gram frisk basilikum; groft hakket
- Salt og friskkværnet sort peber

INSTRUKTIONER:
a) Bland æggeblommer og vand. Pisk hviderne lyse og skummende og kom dem sammen med blommerne. Rør tomatpuréen i.
b) Varm smørret op i en stegepande til det er varmt. Hæld æggeblandingen i og lad koge indtil den er fast i overkanten og blød i midten.
c) Læg ost, soltørrede tomater, oliven, frisk basilikum og krydderier på den ene halvdel af æggekagen og fold den anden halvdel sammen til et låg.
d) Overfør til en tallerken og server straks.

FORRETTER

11. Mini- souffelbid

Gør: 12

INGREDIENSER:
- 1 ¼ kopper revet skarp cheddarost
- 2 store æg pisket let
- 1 ¼ kop mælk
- ¾ tsk Worcestershire sauce
- 2 spsk smør
- 2 spsk hakket purløg
- For at smage salt og peber
- Hawaiiansk sødt brød, skåret i skiver

INSTRUKTIONER:
a) Skær skorper fra brødskiver og skær dem i ½-tommers terninger.
b) Pisk æggene i en stor røreskål. Tilsæt mælk, ost og Worcestershire sauce. Bland og rør derefter brødet i.
c) Lad stå i 15 minutter.
d) Kom ⅓ kop af souffléblandingen i smurte muffinsforme i en muffinform.
e) Placer muffinformen i en gelérullepande fyldt med ½ tomme vand.
f) Bages ved 375° F, indtil de er stivnet, cirka 25-30 minutter. Fjern når de er hævet op og er let brune på toppen.
g) Drys purløg på hver soufflé til pynt.

12. Butternut Squash Soufflé Bites

Gør: 6

INGREDIENSER:
- 6 store æg
- 2 kopper, pureret butternut squash
- $\frac{1}{2}$ tsk kanel
- $\frac{1}{4}$ kop rosiner, uden frø
- $\frac{1}{8}$ teskefuld salt
- $\frac{1}{8}$ teskefuld sort peber, stødt

INSTRUKTIONER:
a) Forvarm ovnen til 350 F.
b) I en stor røreskål piskes alle ingredienser sammen.
c) Fordel blandingen i en mini-muffinform.
d) Bag 18-22 minutter, indtil soufflébiderne er hævet op og sat sig i midten.
e) Lad afkøle lidt, og server derefter. Opbevar rester i en lufttæt beholder i køleskabet i op til fire dage.

13. Chile ostesoufflé firkanter

Gør: 6

INGREDIENSER:
- 8 spsk ægte smør
- ½ kop mel
- 1 tsk bagepulver
- skvæt salt
- 10 æg
- 7 ounce kan brænde ristet grøn chili, drænet
- 2 kopper hytteost
- 1 pund Monterey jack ost, revet

INSTRUKTIONER:
a) Skær smør i store stykker og kom i en 9×13 gryde.
b) Sæt gryden i ovnen og forvarm til 400 grader.
c) Pisk mel, bagepulver og salt sammen i en stor røreskål.
d) Tilsæt 1-2 æg og pisk blandingen til der ikke er klumper.
e) Tilsæt de resterende æg og pisk til det er glat.
f) Rør grøn chili, hytteost og jack cheese i og rør, indtil det lige er blandet.
g) Tag gryden ud af ovnen og vip gryden, så smørret dækker det hele, hæld derefter forsigtigt smørret i æggeblandingen og rør rundt.

h) Hæld blandingen tilbage i den varme gryde.

i) Når ovnen er forvarmet, sættes gryden i ovnen og koges i 15 minutter.

j) Reducer varmen til 350 grader og kog i yderligere 35-40 minutter, eller indtil toppen er gylden og let brunet.

k) Lad den køle af i 10 minutter, før den skæres i firkanter og serveres.

14. Salte karamel pop corn souffléer

Gør: 4

INGREDIENSER:
- 125 ml sødmælk
- 125 ml dobbelt creme
- 105 g flormelis
- 25 g budding ris
- 1 vaniljestang, delt
- 75 g usaltet smør, blødgjort
- 6 æggehvider
- 20 g popcorn

SALT KARAMELSAUCE
- 100 g flormelis, plus 75 g til ramekins
- 45 g saltet smør, skåret i stykker
- 60 ml dobbelt creme
- ½ tsk havsalt

INSTRUKTIONER:
a) Opvarm ovnen til 140°C og stil fire 9,5 cm x 5 cm souffléforme eller ramekins i køleskabet til afkøling.
b) Kom mælk, fløde, 15 g sukker, ris, vaniljestang og en knivspids salt i en ovnfast gryde.
c) Dæk til og bag i 2 timer, eller indtil risene er møre, under omrøring hvert 30. minut.
d) Fjern vaniljestangen, overfør derefter blandingen til en blender og blend til en jævn

puré, og sørg for, at der ikke er riskorn tilbage. Dæk til og lad afkøle.

e) I mellemtiden, til karamelsaucen, drys de 100 g sukker i bunden af en tykbundet gryde.

f) Sæt over medium-høj varme, og hold godt øje med sukkeret, da det begynder at smelte.

g) Ryst gryden af og til for at fordele sukker, der ikke er smeltet, og når det er smeltet, skal du bruge en silikonespatel til at samle det, og forsigtigt bryde eventuelle klumper op.

h) Når det er en jævn, dybt ravfarvet væske - pas på ikke at det brænder på - rør hurtigt smørret i.

i) Hæld langsomt fløden i, under omrøring, indtil den danner en skinnende, blank karamelsauce. Rør havsaltet i. Sæt til side.

j) Når ramekinerne er helt kolde, tag dem ud af køleskabet og pensl generøst indersiden med smørret, sørg for at der ikke mangler pletter, og pensl helt op til kanten.

k) Hæld de 75 g sukker i den ene ramekin, drej den, så indersiden er grundigt belagt med sukker, hæld derefter det overskydende i den næste og gentag, indtil de alle er belagte. Sæt til side.

l) Hæld æggehviderne i en stor skål og pisk med en elpisker ved høj hastighed i 1 min.

m) Tilsæt gradvist en fjerdedel af det resterende sukker, pisk i endnu et minut, derefter endnu en fjerdedel.
n) Gentag indtil alt sukkeret er inkorporeret.
o) Når alt sukkeret er tilsat, fortsæt med at piske i yderligere 30 sekunder, indtil det danner stive, skinnende toppe.
p) Kom imens risengrødpuréen og 15 g af den saltede karamelsauce i en stor varmefast skål over en gryde med kogende vand.
q) Varm forsigtigt blandingen op og rør den sammen, og tag den derefter af varmen.
r) Fold en fjerdedel af de piskede æggehvider i risengrødblandingen for at hjælpe med at løsne den, og fold derefter resten i, indtil den er grundigt indarbejdet.
s) Forvarm ovnen til 200C.
t) Hæld souffléblandingen i de forberedte ramekins, og fyld dem lidt over.
u) Brug en paletkniv til at jævne toppen af.
v) Kør din sammenklemte tommelfinger og pegefinger rundt om den indvendige kant af hver af ramekinerne for at sikre, at souffléerne hæver lige op.
w) Drys toppene med popcornene, læg dem derefter på en bageplade og bag på midterste rille i ovnen.

15. Soufflé æggehvide kugler med rød bønnepasta

Gør: 4

INGREDIENSER:
- 5 ounce rød bønnepasta
- 5 æggehvider
- 2 ounces universalmel
- 2 ounce majsstivelse

INSTRUKTIONER:
a) Lav den røde bønnepasta til små kugler.

b) Pisk æggehviderne med en elektronisk håndpisker, til de er skummende.

c) Tilsæt mel og majsstivelse til æggehviderne og bland godt.

d) Brug en isske til at forme soufflékuglerne.

e) Opvarm frituregryden til 375°F, og fritér soufflékuglerne, indtil de bliver lysebrune.

f) Skål ud og drys flormelis på soufflékuglerne.

g) Serveres varm.

HOVEDRET

16. Majs soufflé

Gør: 8-10 portioner

INGREDIENSER:
- 1 mellemstor løg
- 5 pund frosne sukkermajs
- 6 kopper Monterey Jack, strimlet
- 3 æg
- 1 tsk salt

INSTRUKTIONER:
a) I en stegepande sauteres løget i olivenolie. Sæt til side.
b) I en foodprocessor, mal majs.
c) Bland og rør de øvrige ingredienser i, inklusive det sauterede løg.
d) Læg i en 8x14 bradepande, der er smurt.
e) Bages ved 375°F i cirka 25 minutter, eller indtil toppen er gyldenbrun.

17. Thanksgiving gulerodssoufflé

Gør: 8 portioner

INGREDIENSER:
- 2 pund friske gulerødder, skrællet og kogt
- 6 æg
- ⅔ kop sukker
- 6 spiseskefulde matzoh måltid
- 2 tsk vanilje
- 2 stænger smør eller margarine, smeltet
- Et strejf af muskatnød
- 6 spsk brun farin
- 4 spsk smør eller margarine, smeltet
- 1 kop hakkede valnødder

INSTRUKTIONER:
a) Purér gulerødder og æg i en foodprocessor.

b) Bearbejd de næste fem ingredienser, indtil de er glatte.

c) Bag i 40 minutter i en smurt 9x13 bradepande ved 350°F.

d) Tilsæt toppingen og bag i yderligere 5-10 minutter.

18. Acorn squash soufflé

Giver: 4 portioner

INGREDIENSER:
- 1 æggehvide
- 2 agern squash
- 4 tsk brun farin
- rivning af frisk muskatnød
- $\frac{1}{8}$ teskefuld salt
- 4 spsk smør
- $\frac{1}{4}$ tsk stødt kanel
- 1 æg, adskilt
- friskkværnet sort peber

INSTRUKTIONER:
a) Forvarm ovnen til 400 F. Vask squash. Skær squash i halve og skrab frø ud. Læg squashhalvdelene med skindsiden opad i $\frac{1}{2}$ tomme vand i en ovnfast fad og bag dem i 30 minutter.

b) Fjern fra ovnen. Vend squashhalvdelene med en tang. Kom 1 spsk smør i hver halvdel. Bages igen i 30 minutter eller indtil kødet er mørt. Afkøl i 30 minutter.

c) Fjern forsigtigt squashen fra bradepanden og hæld smørret i en skål.

d) Uden at beskadige skindet, øs forsigtigt kødet ud af hver squash-halvdel og kom det i samme skål.

e) I en blender eller foodprocessor purér squashen med det reserverede smør, sukker, krydderier og æggeblomme.

f) Hæld i en røreskål.

g) Pisk æggehviderne med saltet, indtil det danner stive toppe.

h) VOLT ind i puréen. Arbejd hurtigt, men forsigtigt, og bevar æggehvidevolumenet.

i) Hæld souffléblandingen i halve squashskind og bag 25 min. eller indtil toppene er brune og begynder at revne.

j) Server straks.

19. Broccoli soufflé

Giver: 8 portioner

INGREDIENSER:
- To 10-ounce pakker frossen broccoli
- 3 æg
- Salt og peber efter smag
- 1 spsk løgsuppeblanding
- ½ kop mayonnaise
- Smør panden
- 2 spsk Matzah måltid, delt

INSTRUKTIONER:
a) Kog broccolien efter pakken instruktioner. Dræn grundigt.
b) Sæt til side. I en røreskål piskes æggene meget godt med salt, peber og løgsuppeblandingen; tilsæt mayonnaisen og fortsæt med at piske indtil det er godt blandet.
c) Rør den kogte broccoli i.
d) Smør en 7 x 11½" bradepande.
e) Drys let med 1 spsk af matzah-måltidet.
f) Hæld broccoli i gryden og drys toppen med det resterende matzah-måltid.
g) Bages ved 350 grader i 40-50 minutter, eller indtil toppen er gylden.

20. Soufflétærte med røget laks

Giver: 6 skiver

INGREDIENSER:
- ½ af en 375 g pakke mørdej
- 50 g almindeligt mel, plus ekstra til aftørring
- 50 g smør
- 300 ml mælk
- 3 store æg, adskilt
- skal ½ citron
- 1 spsk hakket dild, plus lidt ekstra
- 100g pakke røget lakseskiver
- 150 g pakke smuldret gedeost i tern

INSTRUKTIONER:
a) Forvarm ovnen til 200C.
b) Rul dejen ud på en mel-støvet overflade og brug den til at beklæde en 22 cm tærteform, så den overskydende dej hænger ud over kanten.
c) Beklæd med bagepapir og bagebønner, og bag blindt i 15 minutter.
d) Fjern papiret og bag i 10 minutter mere.
e) Kom smør, mel og mælk i en gryde. Varm op, under omrøring hele tiden, indtil det giver en meget tyk, glat sauce. Rør æggeblommer, citronskal, dild og krydderier i.

f) Pisk æggehviderne i en ren skål med en el-håndpisker, indtil de holder formen, og fold dem derefter forsigtigt i saucen.

g) Riv lakseskiverne i store stykker og anret halvdelen over tærtebunden med halvdelen af gedeosten.

h) Hæld soufflésaucen over, og anbring derefter den resterende laks og ost ovenpå med lidt ekstra dild og sort peber.

i) Bages i 25-30 minutter, indtil de er hævede og gyldne. Skær dejens kanter.

j) Transporter stadig i dåsen, eller på en serveringsplade, pakket ind med folie.

21. Skinke cheddar purløg soufflé

Giver: 5 portioner

INGREDIENSER:
- 3 spsk olivenolie
- ½ mellemstort løg, i tern
- 1 ½ tsk hvidløg, hakket
- 6 ounce skinkebøf, kogt og skåret i tern
- 1 spsk smør, til at smøre ramekins
- 6 store æg
- 1 kop cheddarost, revet
- ½ kop tung creme
- 2-3 spsk frisk purløg, hakket
- ½ tsk Kosher Salt
- ¼ tsk sort peber

INSTRUKTIONER:
a) Forvarm din ovn til 400F.
b) Forbered alle dine ingredienser. Skær 6 ounce kogt skinkebøf i tern, skær ½ mellemstort løg i tern, hak 1 ½ tsk hvidløg, riv 1 kop cheddarost og hak 2-3 spiseskefulde frisk purløg.
c) Varm olivenolie op i en gryde. Når det er varmt, tilsæt løg og lad det sautere, indtil det er blødt.
d) Når det er blødt, tilsæt hvidløg og fortsæt med at svitse indtil hvidløg er let brunet.
e) I en skål tilsættes 6 æg, ½ kop tung fløde, hakket purløg, ½ tsk salt og ¼ tsk peber.

f) Tilsæt alle de andre ingredienser, inklusive løg og hvidløg fra panden.
g) Bland godt.
h) Bages i ovnen i 20 minutter, eller indtil den er hævet og let brunet på toppen.
i) Lad afkøle lidt og server!

22. Fasan soufflé

Giver: 4 portioner

INGREDIENSER:
- 1 kop kogt fasan i tern
- 2 æg, adskilt
- 1 kop kogte hvide ris
- ! c. friske brødkrummer
- ! c. selleri i tern
- 1 kop mælk
- 1 tsk salt
- 1 tsk sort peber
- 1 tsk timian

INSTRUKTIONER : _
a) Pisk æggeblommer og tilsæt alle ingredienser undtagen æggehvider. Pisk æggehviderne stive og vend dem i blandingen.
b) Hæld i en kraftigt smurt flad bradepande eller en 8 x 8-tommer firkantet fad.
c) Bages ved 350°F i cirka 30 minutter, eller indtil en kniv, der er indsat i midten, kommer ren ud.
d) Skær i firkanter og server med svampesauce.

23. Knoldselleri & ostesoufflé

Gør: 2

INGREDIENSER:
- 1¾ kop knoldselleri, skrællet og skåret i tern
- 2 fritgående æg
- ½ kop let skummet 2 % fedt mælk
- 1 spsk majsmel
- 4 spsk halvfed moden ost, revet
- 2 spsk fintrevet parmesan
- ¼ tsk frisk revet muskatnød
- ¼ tsk havsalt, delt
- ¼ tsk friskkværnet sort peber
- 2 sprays olivenolie spray

INSTRUKTIONER:
a) Forvarm ovnen til 170C blæser, 375F, gasmærke 5. Smør indersiden af 2 ovnfaste ramekins og læg dem i et bradefad.

b) Skræl knoldsellerien og skær den i stykker. Tilsæt dette og ⅛ tsk salt i en gryde med kogende vand og kog i 4-5 minutter, indtil de er møre.

c) Dræn knoldsellerien og puréen i en mini-foodprocessor, indtil den er glat, og overfør den derefter til en skål.

d) Hvis du ikke har en mini foodprocessor, skal du blot mos knoldsellerien i en skål med en gaffel, indtil den er glat.

e) Krydr knoldsellerien med salt, peber og friskrevet muskatnød. Riv osten og bland den.

f) Adskil æggene, læg æggehviderne i en ren skål og kom blommerne i skålen med knoldselleri.

g) Pisk æggeblommerne i knoldselleripuréen og stil til side.

h) Sluk majsmelet med mælken og hæld blandingen i gryden.

i) Opvarm over medium varme, pisk hele tiden, indtil saucen tykner, og kog derefter i yderligere et minut.

j) Tilsæt 5 spsk af den revne osteblanding til saucen og pisk indtil den er smeltet. Bare rolig, at din sauce er meget tykkere end en hældesovs ville være, denne tykke sauce er den korrekte konsistens til at lave souffléen.

k) Vend ostesovsen i knoldselleriblandingen.

l) Sæt kedlen i kog.

m) Pisk æggehviderne med et rent piskeris, indtil de danner stive toppe, men ikke overpisk.

n) Æggehviden skal være fast, og toppene skal holde deres form uden flydende hvid tilbage.

o) Brug en spatel eller metalske, og fold 1 spsk i knoldselleriblandingen for at gøre den lysere.

p) Tilsæt derefter halvdelen af den resterende æggehvide til knoldselleriblandingen.

q)Med et let tryk, fold det hurtigt ind, skær gennem blandingen og vend det, indtil alt er godt blandet, men stadig let og luftigt.

r)Gentag med den resterende piskede æggehvide. Hæld blandingen jævnt mellem de forberedte ramekins og drys den resterende revne ost over.

s)Sæt ramekins i bradepanden og hæld forsigtigt ca. 2,5 cm/1" kogende vand i bradepanden, pas på ikke at sprøjte ramekins.

t)Sæt i ovnen og steg i 20-25 minutter, indtil souffléerne er godt hævede og gyldenbrune.

u)Server direkte fra ramekinen og spis med det samme!

24. Spinat soufflé

Giver: 4 portioner

INGREDIENSER:
- 4 spsk olivenolie
- 1 mellemstor gult løg, hakket
- 4 kopper frisk babyspinat
- Salt og friskkværnet sort peber
- 1 pund fast tofu, drænet
- 1 kop universalmel
- 1 tsk bagepulver
- 1 kop grøntsagsbouillon
- 2 spsk sojasovs

INSTRUKTIONER:
a) Forvarm ovnen til 350°F. Olie let en 3-liters gryde eller rund bradepande og stil til side. I en stor stegepande opvarmes 1 spsk olie over medium varme.
b) Tilsæt løget, læg låg på og kog indtil det er blødt, cirka 10 minutter. Rør spinaten i og smag til med salt og peber.
c) Dæk til og kog indtil spinaten er visnet, cirka 3 minutter. Sæt til side.
d) Kombiner tofuen og løg- og spinatblandingen i en foodprocessor, og forarbejd den, indtil den er blandet.

e) Tilsæt mel, bagepulver, bouillon, sojasovs og de resterende 3 spiseskefulde olie og bearbejd indtil glat.
f) Skrab blandingen i den forberedte gryde og bag den, indtil den er fast, cirka 60 minutter.
g) Server straks med appelsinstykker.

25. Roegrøn soufflé

Gør: 1 soufflé

INGREDIENSER:
- 3 spsk parmesanost; revet
- 2 mellemstore rødbeder; kogt og skrællet
- 2 spsk Smør
- 2 spsk mel
- $\frac{3}{4}$ kop kyllingebouillon; hed
- 1 kop rødbeder; sauteret
- $\frac{1}{2}$ kop cheddarost; revet
- 3 æggeblommer
- 4 æggehvider

INSTRUKTIONER:
a) Smør a 1 qt. Souffléfad; drys med parmesanost. Skær de kogte rødbeder i skiver og beklæd bunden af souffléfadet med dem.

b) Smelt smørret i en lille gryde, rør melet i, tilsæt den varme bouillon, og fortsæt med at koge, indtil det er let tyknet, og overfør derefter til en større skål. Hak rødbedegrønt groft og tilsæt saucen sammen med cheddarost.

c) Pisk æggeblommer i en separat skål; blend dem med rødbedeblanding. Pisk æggehvider, indtil de danner toppe. Fold i en skål med andre ingredienser; blandes godt. Overfør det hele til et smurt souffléfad. Drys med parmesanost.

d) Bages ved 350 F. i 30 minutter, eller indtil souffléen er hævet og gylden.

26. Monterey Jack Soufflé

Gør: 12

INGREDIENSER:
- 1 Pund Pølse, kogt
- 2 kopper revet Monterey Jack Cheese
- 3 kopper skarp cheddarost, revet
- 1 kop revet mozzarellaost
- ½ kop mælk
- 1½ kopper mel
- 1½ dl hytteost
- 9 Æg let pisket
- ⅓ kop smeltet smør
- 1 dåse Grøn Chiles i små tern

INSTRUKTIONER:
a) Fordel ½ af det smeltede smør i en 9x13 pande.
b) I en stor skål kombineres de resterende ingredienser og røres godt.
c) Hæld i en 9x13 gryde.
d) Bages ved 375°C i 50 minutter, eller indtil den er gylden og den indsatte kniv kommer ren ud.

27. Rødbedesoufflé med peberrod

Gør: 6

INGREDIENSER:
SOUFFLÉ
- 300 g rødbeder, stilke fjernet
- 1 tsk olie
- 30 g smør, plus 15 g til fedt
- 1-2 spsk tørre hvide rasp
- 30 g almindeligt mel
- 300 ml mælk
- 4 æg, adskilt

PEBERROD OG CRÈME FRAÎCHE
- 100 g fedtfattig creme fraîche
- 1½ spsk cremet peberrod
- 1 citron, saftet

INSTRUKTIONER:
a) Forvarm ovnen til 200°C/gasmærke 6. Pak rødbederne individuelt ind i folie, dryp med olien og steg i 1 time eller indtil de er møre, når der stikkes et spyd i.
b) Kombiner imens ingredienserne til peberrod og citroncreme fraiche og smag til. Stil til side i køleskabet, så smagen kan udvikle sig.
c) Smelt 15 g smør og pensl dette rundt om indersiden af 6 individuelle ramekins. Vip

brødkrummerne i hver og vip, så bunden og siderne er belagt.

d) Når rødbederne er ristet, lad dem køle af i 10 minutter og fjern derefter skallen. Kom rødbederne i en blender og blend til en jævn masse.

e) Skru ovnen op til 220°C/gasmærke 8 og læg en bageplade i den nederste tredjedel af ovnen.

f) Smelt de 30 g smør i en lille gryde, tilsæt derefter melet og kog i 1 minut. Tag det af varmen og tilsæt et skvæt mælk, og rør rundt. Fortsæt med at tilsætte mælken meget gradvist for at forhindre, at der dannes klumper, sæt derefter tilbage på varmen, bring det i kog og kog i 2 minutter. Hæld dette i en stor skål og lad det køle lidt af, inden du tilsætter de purerede rødbede og æggeblommerne. Smag til efter smag.

g) Pisk æggehviderne til medium/stive toppe. Rør en tredjedel af æggehviderne gennem rødbedeblandingen med en stor metalske for at løsne den, og tilsæt derefter de resterende æggehvider. Fold disse meget forsigtigt igennem for at holde så meget volumen som muligt.

h) Overfør forsigtigt denne blanding til de forberedte ramekins og læg den på den forvarmede bageplade. Kog i 35-40 minutter og server derefter med peberrod og citroncreme fraîche.

28. Majs soufflé

Giver: 6 portioner

INGREDIENSER:
1 kop gul majsmel
3 tsk bagepulver
½ tsk salt
½ pint creme fraiche
1 dåse (15-16 oz.) majs i cremestil
¾ kop Wesson olie (kan bruge mindre)
2 æg, pisket med en gaffel
1 lille dåse Ortega grøn chili i tern. Masser af revet Tillamook ost
Bland ingredienserne i en tre tommer dyb gryde. Top med revet ost. Bages uden låg i en forvarmet 375 graders ovn i 45 minutter.

29. Rejesoufflé

Udbytte: 6 portioner

Måle Ingrediens
- ½ pund Kogte rejer
- 3 skiver Frisk ingefærrod
- 1 spiseskefuld Sherry
- 1 tsk Soya sovs
- 6 Æggehvider
- ½ tsk Salt
- 4 spiseskefulde Olie
- 1 streg Peber

a) Skær kogte rejer og hakket ingefærrod i tern; kombineres derefter med sherry og sojasovs.
b) Pisk æggehvider, med salt, til de er skummende og stive, men ikke tørre. Fold i rejeblandingen.
c) Opvarm olie til rygning. Tilsæt reje-æg-blanding og kog over medium-høj varme under konstant omrøring, indtil æggene begynder at sætte sig (3 til 4 minutter).

30. Chile-majs soufflé

Gør: 6 portioner

INGREDIENSER:
- ¼ kop smør eller margarine
- ¼ kop mel
- 1 tsk salt
- ¼ tsk sort peber
- ½ tsk paprika
- 1 kop mælk
- 4 æg; adskilt
- 2 ounce Grøn chili i tern på dåse
- 1 kop malede friske majskerner

INSTRUKTIONER:
a) Smelt smør og bland mel, salt, peber og paprika i. Tilsæt mælk og kog og rør til det er tyknet.
b) Pisk æggeblommer let, tilsæt en lille mængde varm sauce, blend og vend blandingen tilbage til varm sauce.
c) Kog, under omrøring, et par minutter. Dræn chili og tilsæt saucen. Rør majs i.
d) Pisk æggehviderne stive, men stadig fugtige. Fold ⅓ æggehvider i majsblandingen, bland godt. Vend de resterende æggehvider let i.
e) Vend til et usmurt 1-liters souffléfad eller ligesidet gryde.

f) Placer i en gryde med varmt vand og bag ved 350F i cirka 50 minutter.

31. Bonapartes tilbagetog majs soufflé

Giver: 4 portioner

INGREDIENSER:
- 2 kopper majs med hele kerner
- 1 kop mælk
- 2 æg, pisket
- 1 tsk salt
- 2 spsk Smør
- 2 spsk mel
- 2 spsk sukker

INSTRUKTIONER:
a) Forvarm ovnen til 350.
b) Kom alle ingredienserne i et ovnfast fad, bland godt. Bages ved 350 grader i 30 minutter.
c) Rør af og til.

32. Brødbudding soufflé

Giver: 1 portion

INGREDIENSER:
- 2½ kopper brødbudding; fedt nok
- ¾ kop sukker
- Dash Muskatnød
- 1 kop sukker
- 8 spiseskefulde Smør; blødgjort
- 5 æg; slået
- 1 pint Heavy cream
- Dash kanel
- Smør
- 6 æggehvider
- Dash Muskatnød
- 1 spsk vanilje
- ¼ kop rosiner
- 12 skiver Frisk franskbrød; 1 tomme tyk

INSTRUKTIONER:
a) SOUFFLÉ-I en røremaskine, pisk æggehvider langsomt. Tilsæt sukker, pisk konstant, indtil marengsen står i en top. Vend forsigtigt æggehvider og muskatnød i brødpuddingblandingen.

b) Pres smør i bunden af souffléfadet og drys med sukker. Fyld fadet med marengs og brød budding blanding til en høj top. Bages ved 350~ i en forvarmet ovn.

c) Fjern når souffléen er gyldenbrun. Server med Bourbon Sauce.

d) BRØDBUDDING - Forvarm ovnen til 350~. I en stor skål flødes sukker og smør sammen. Tilsæt æg, fløde, kanel, vanilje, rosiner, bland godt. Hæld i en 9" firkantet gryde, 1-$\frac{3}{4}$" dyb. Sæt gryden i en større gryde fyldt med vand $\frac{1}{2}$" fra toppen. Dæk med aluminiumsfolie.

e) Bages i 45 til 50 minutter. Afdæk buddingen i de sidste 10 minutter for at brune toppen. Når den er færdig, skal cremen være blød, ikke fast.

33. Broccoli soufflé

Giver: 8 portioner

INGREDIENSER:
- 2 pakker Frossen broccoli; (10 oz hver)
- 3 æg
- Salt og peber efter smag
- 1 spsk løgsuppeblanding
- ½ kop mayonnaise
- Smør til panden
- 2 spsk Matzah måltid, delt

INSTRUKTIONER:
a) Kog broccolien efter pakkens anvisning. Dræn grundigt.
b) Sæt til side. I en røreskål piskes æggene meget godt med salt, peber og løgsuppeblandingen; tilsæt mayonnaisen og fortsæt med at piske indtil det er godt blandet. Rør den kogte broccoli i. Smør en 7 x11½" bradepande. Drys let med 1 spsk. af matzah-melet. Hæld broccoli i gryden og drys toppen med resterende matzah-mel.
c) Bages ved 350 grader i 40-50 minutter, eller indtil toppen er gylden.

34. Chili ost soufflé

Gør: 4 portioner

INGREDIENSER:
- 4 spiseskefulde usaltet smør; blødgjort
- 4 spiseskefulde sigtet universalmel
- 1 kop varm mælk
- 1 kop skarp cheddarost
- 2 spsk hakket frisk jalapenos
- $\frac{1}{4}$ kop hakket spidskål
- $\frac{1}{2}$ tsk salt
- $\frac{1}{2}$ tsk friskkværnet sort peber
- 5 æg; adskilt

INSTRUKTIONER:
a) Forvarm ovnen til 375 grader. Smør en $1\frac{1}{2}$ liter souffléskål.
b) I en tykbundet gryde bringes mælken i kog, og pas på, at den ikke svides eller koger over. Fjern fra varmen og reserver.
c) I en anden gryde smeltes smørret ved lav varme. Tilsæt melet under omrøring med en træske, indtil det er helt blandet.
d) Hæld ⅓ af mælken i smørblandingen, og inkorporér den helt med et piskeris, før den resterende mælk tilsættes. Når al mælken er tilsat, fortsæt med at koge ved svag varme i 5

minutter. Tilsæt osten til den varme mælkeblanding, omrør forsigtigt.

e) Lad ikke blandingen koge, ellers skiller osten. Rør jalapeno, salt og peber i og tag den af varmen. Lad væsken køle af i 5 minutter, tilsæt flere spiseskefulde væske til æggeblommerne og rør sammen. Tilsæt derefter æggeblommerne til ost- og mælkeblandingen langsomt under omrøring med en træske.

f) Overfør blandingen til en røreskål og lad den køle helt af, før du færdiggør souffléen. I en røreskål piskes æggehviderne til stive toppe.

g) Fold ⅓ af de piskede hvider i osteblandingen og vend derefter forsigtigt de resterende hvider i, pas på ikke at tømme hviderne ud.

h) Hæld souffléblandingen i souffléfadet og bag i 45 minutter. Server straks.

35. Porcini soufflé med sauce og hvid trøffelolie

Giver: 8 portioner

INGREDIENSER:
- 1½ ounce tørrede porcini- eller shiitake-svampe
- 2 kopper kogende vand
- 1 spsk olivenolie plus
- 2 tsk olivenolie
- 2 spsk revet parmesanost
- 3 fed hvidløg; hakket
- 1 Skalotteløg; hakket
- ¼ kop majsstivelse
- 1 tsk salt
- 6 æggehvider
- ¼ tsk fløde tatar
- 2 spsk hvid trøffelolie; valgfri

PARMESAN FLØDESAUCE
- 1 fed hvidløg; halveret
- 1 spsk Smør
- 1 spsk mel
- 1 kop mælk
- ¼ kop revet parmesanost

INSTRUKTIONER:
a) Læg tørrede svampe i en lille skål. Hæld kogende vand over og lad dem trække i 20 minutter. Dræn svampe, gem

iblødsætningsvæske. Si væske gennem ostelærred.

b) Bearbejd svampe i en foodprocessor eller blender, indtil stykkerne er på størrelse med røde peberflager.
c) Smør souffléfadet med 2 tsk olivenolie.
d) Drys fadet med parmesan, som om det drysses med mel. Opvarm den resterende 1 spsk olivenolie over medium-lav varme i en lille stegepande.
e) Tilsæt hvidløg og skalotteløg og kog, omrør ofte, indtil det er blødt og aromatisk, 3 til 5 minutter. Tilsæt majsstivelse og pisk gradvist $1\frac{1}{2}$ dl reserveret porcini-væske i, og udlign forskellen med vand, hvis det er nødvendigt. Hæv varmen til medium-høj og bring væsken i kog under konstant omrøring. Kog indtil det er tyknet, ca. 3 minutter. Læg blandingen i en stor skål.
f) Tilsæt svampe og salt. Lad blandingen afkøle til stuetemperatur. Pisk æggehvider og fløde af tatar til stive toppe. Vend $\frac{1}{4}$ af pisket æggehvider i svampeblandingen.
g) Vend resten af de piskede æggehvider i. Hæld i et souffléfad og bag ved 325 grader, indtil en tynd metaltester eller tandstik kommer ren ud, cirka 1 time. Lav parmesan imens

h) Flødesauce: Gnid en lille stegepande med afskårne kanter af fed hvidløg. Lad nelliker stå i gryden. Tilsæt smør og smelt ved svag varme.

i) Rør mel i og kog 3 til 5 minutter ved meget lav varme. Rør mælk i; bring i kog. Fjern fra varmen og tilsæt ost, omrør indtil smeltet.

j) Server soufflé med det samme, og toppe hver portion med parmesan-flødesauce og 1 tsk hvid trøffelolie.

36. Ratatouille og chevre soufflé

Gør: 1 soufflé

INGREDIENSER:
2 spsk olivenolie
1½ kopper Uskrællet aubergine i tern
2 fed hvidløg; hakket
½ sød rød peber; udkernede frøet og skåret i tern
3 Ansjosfileter finthakket
2 spsk finthakkede soltørrede tomater, pakket i olie
1 tsk Hakket frisk rosmarin el
¼ tsk tørret rosmarin plus yderligere til pynt
3 spsk usaltet smør
¼ kop ubleget universalmel
1½ dl mælk
6 æggeblommer
6 ounces Blød mild chevre, såsom Montrachet
Salt og peber; at smage
8 æggehvider; ved stuetemp.
¼ tsk fløde tatar

INSTRUKTIONER:
Varm olie op i en sauterpande ved medium høj varme. Tilsæt aubergine og hvidløg og svits i 5 minutter. Tilsæt rød peber og svits i 5 minutter mere. Tilføj ansjoser og tomater; sauter 1 minut mere. Rør 1 tsk. rosmarin og sæt til side.

Smelt smør i en tung mellemstor gryde over medium varme. Når smøret begynder at skumme, tilsæt mel og kog under konstant omrøring i 1 minut. Rør gradvist mælk i og kog under konstant omrøring, indtil det er glat og tykt.

Fjern fra varmen og tilsæt æggeblommer, en ad gangen, og pisk godt efter hver tilsætning. Tilsæt 4 ounce af chevre og rør, indtil osten smelter. Varm saucen kort op ved svag varme, hvis den ikke er varm nok til at smelte osten. Rør aubergineblandingen i, smag til med salt og peber og stil til side. Smør en 2 liter souffléskål.

Pisk æggehviderne og et nip salt i en røreskål, til det er skum.

Drys med creme af tatar og fortsæt med at piske indtil hviderne er knap stive og står i bløde toppe. Overbeat ikke, for de skal ikke være tørre. Vend forsigtigt æggehviderne i soufflébunden.

Hæld forsigtigt dejen i den forberedte ret. Drys toppen med den resterende chevre og yderligere rosmarin.

Bages ved 400 F. indtil godt pustet og gylden, 30 til 40 minutter. Server straks.

37. Rosenkål soufflé

Giver: 2 portioner

INGREDIENSER:
- 2 hænder fulde af Bruxelles
- Spirer
- 2 Tomater
- 1 løg, finthakket
- 1 tsk oksebouillon, instant
- 6 ounce revet ost
- Peber
- Salt
- Muskatnød
- Paprika
- Cayennepeber

INSTRUKTIONER:
a) Dæk rosenkål med vand og smag til med salt, peber og muskatnød. Sæt i mikrobølgeovnen og kog på HIGH i 7 minutter.
b) Bland hakkebøffen med salt, peber, paprika, cayennepeber og løgene.
c) Steg i lidt olie til det hele er pænt smuldret; tilsæt de flåede tomater i tern. Skru ned for varmen til lav og tilsæt instant bouillon, når tomatsaften er fordampet nok.
d) Kom rosenkålen og kødblandingen i en souffléform og drys osten ovenpå.

e) Bages i en 200 C ovn i 15 minutter, indtil osten begynder at blive brun.

38. Huevos ranchero gryderet soufflé

Giver: 12 portioner

INGREDIENSER:
1½ spsk usaltet smør; blødgjort
6 peberfrugter, cirka 6 tommer lange
12 æg; adskilt
4 kopper revet cheddarost
2 kopper Friske eller frosne majskerner
1 kop mælk
2 jalapeno peberfrugter, frø og membraner fjernet og hakket
1 tsk salt; eller efter smag
Friskkværnet sort peber
6 kopper Købt eller hjemmelavet salsa opvarmet

INSTRUKTIONER:
FORVARM OVNEN TIL 450F. Smør en 9-x-13-tommer ovnfast glas- eller lertøjsfad. Lav et snit på langs af hver peberfrugt og fjern stilk, frø og hinde, og hold peberfrugterne hele. Fyld en mellemstor gryde eller stegepande halvt med vand og bring det i kog. Tilsæt peberfrugterne, lad vandet koge op igen og kog indtil peberfrugterne er lige bløde, cirka 3 minutter. Fjern og dup dem meget tørre med køkkenrulle. Lad dem køle helt af og beklæd så bunden af gryden med dem.

Del æggene i 2 store skåle. Pisk blommerne, til de er glatte, og rør derefter ost, majs, mælk, jalapenopeber og salt og sort peber i. Pisk hviderne, indtil der dannes bløde toppe, og fold dem derefter i blommeblandingen, mens du rører forsigtigt, indtil de næsten er blandet.

Skrab blandingen i det forberedte fad og overfør det til den midterste rille i den forvarmede ovn. Bages lige indtil æggene er hævede og toppen er let brunet, cirka 7 minutter. Reducer varmen til 325F og fortsæt med at lave mad, indtil æggene er gennembagte, men ikke tørre, 22 til 25 minutter. Test ved at stikke en kniv ind i midten. Det skal komme næsten rent ud. Fjern gryden og lad den sidde i et par minutter, inden du skærer gryden i 12 rektangler. Server hver portion med noget salsa på toppen.

39. En æble-ris soufflé

Gør: 4 portioner

INGREDIENSER:
- ¾ kop ekstra langkornet beriget ris
- 1 hvert æg, adskilt, eller to æg
- hvide
- 1 spsk honning
- citronskal fra 1/2 citron
- 1 hvert æble, skrællet og skåret i tern
- ¼ kop rosiner
- ¼ teskefuld vanilje-, rom- eller brandyekstrakt

INSTRUKTIONER:
a) Bring en stor gryde vand i kog.
b) Tilsæt risene og kog over middel-lav varme i 14 minutter, eller indtil de er møre.
c) Dræn og skyl kort med koldt vand. sæt til side.
d) Læg 1 af æggehviderne i en lille skål, og pisk med en elektrisk blanding, indtil den er stiv.
e) Placer åget (eller det resterende hvide) i en stor skål.
f) Tilsæt honning og citronskal.
g) Pisk med en el-mixer i cirka 3 minutter.
h) Vend ris, æble, rosiner og ekstrakt i.
i) Vend den piskede æggehvide i. overtræk en 1½ liter gryde med non-stick spray.
j) Tilsæt risblandingen.

k) Bages ved 350 grader i 25-30 minutter, eller indtil de er sat.

l) Serveres varm eller kold.

40. Kyllingesufflésalat

Giver: 6 portioner

INGREDIENSER:
- 1 hver 3-ounce pakke gelatine med citronsmag
- 1 kop varmt vand
- ½ kop koldt vand
- ½ kop mayonnaise
- 2 spsk citronsaft, frisk, frossen eller dåse
- 1¼ tsk Salt 70'erne
- Dash Peber
- 1½ kopper Tilberedt kylling i tern
- ½ kop selleri i fint tern
- ⅓ kop ristede blancherede mandler i skiver
- ¼ kop hakket pimiento
- ¼ kop hakket grøn peber
- 1 tsk revet løg

INSTRUKTIONER:
a) Opløs gelatine i varmt vand. Tilsæt koldt vand, mayonnaise, citronsaft, salt og peber.
b) Pisk med en elektrisk eller roterende pisker, indtil det er blandet. Hæld i køleskabsbakke.
c) Hurtigkøl i fryseren 15 til 20 minutter, eller indtil den er fast omkring 1 tomme fra kanten, men blød i midten. Vend i en skål og pisk til det er luftigt. Vend de resterende ingredienser i.

d) Placer i en 8½ x 4 ½ x 2 ½-tommer brødform. Afkøl indtil fast. Udstøbt på en bund af krøllet endive. Pynt toppen med juletræ lavet af pimiento-stykker.

41. Makaroni soufflé

Giver: 5 portioner

INGREDIENSER:
18 ounce makaroni
3 ounce Gouda ost
18 ounce hakket oksekød
1 Løg
1 dåse purerede tomater, små
1 pakke hvid sauce

INSTRUKTIONER:
Kog nudlerne efter anvisningen. 2. Steg kødet med de hakkede løg og tomatpuréen i en stegepande, til kødet er smuldret. Smag til med salt og peber efter smag. 3. Smør en soufflépande og bland skiftevis nudler og kød i den. 4. Lav saucen efter anvisning og hæld over det hele. 5. Tilbered i en 200 C ovn i 30 minutter.

42. <u>Nudler & svampe soufflé</u>

Gør: 4 portioner

INGREDIENSER:
- 9 ounce nudler
- 18 ounce hakket oksekød
- 1 dåse Svampe
- 7 tomater
- 1 Porre
- 1 pakke amerikanske osteskiver
- 1 pakke Emmental osteskiver
- 4 æg
- 15 ounce fløde
- Frosset purløg efter smag
- 1 fed hvidløg

INSTRUKTIONER:
a) Skær svampe, porre og tomater i skiver.
b) Kog nudler i saltvand som anvist.
c) Steg hakkebøffen med porren og svampene i olie i kort tid, krydr med salt, peber og hvidløg.
d) Hent en soufflépande og kom i som følger; nudler, tomater, ost, nudler, tomater, ost.
e) Formularen bør kun være ¾ fuld.
f) Bland æg, fløde, purløg, peber og salt sammen og hæld det jævnt over. Bages i en 200-220 C ovn i 45-50 minutter.

43. <u>Artiskok & østers soufflé</u>

Gør: 4 portioner

INGREDIENSER:
- 4 mellemstore artiskokker
- 1 mellemstor citron, halveret
- Oyster Soufflé Base
- Østers sovs

INSTRUKTIONER:
a) Trim artiskokkerne og gnid de afskårne ender med citron.
b) Kom artiskokkerne i kogende saltet vand og kog i 30 minutter eller indtil bunden er lige akkurat møre og et blad trækker sig ud med kun let modstand.
c) Fjern choken fra vandet, form den kogte artiskok igen og fyld med soufflébunden.
d) Forvarm din ovn til 375 F.
e) Bag i 20 minutter eller indtil souffléen er hævet og brun.
f) Server toppet med østerssauce.

44. Asparges soufflé

Gør: 4 portioner

INGREDIENSER:
¼ kop smør eller margarine
¼ kop mel
¼ tsk salt
⅛ teskefuld peber
1 kop mælk
4 æg; adskilt
1 kop finthakkede kogte asparges; godt drænet

INSTRUKTIONER:
Lav en jævn sovs med smør, mel og mælk. Fjern fra varmen og tilsæt æggeblommer, blend. Rør asparges i. Pisk æggehvider stive; vend forsigtigt i blandingen. Bages i en smurt 2-quart bradepande (ligesidet) i en forvarmet ovn i 30-40 minutter ved 375 grader, eller indtil den er hævet og en kniv indsat vil komme ren ud. Server med det samme. Giver 4 portioner. Andre grøntsager kan erstatte aspargesene.

45. Av o cado salat soufflé

Gør: 12 portioner

INGREDIENSER:
- 1 pakke (3-oz) lime gelatine
- 1 kop varmt vand
- 1 dåse (20-oz) knust ananas; drænet; reserve juice
- 1 kop hakket avocado
- ½ kop hakkede pekannødder
- 2 spsk citronsaft
- ½ kop mayonnaise
- ½ kop fløde; pisket
- 1 knivspids salt

INSTRUKTIONER:
a) Opløs gelatine i varmt vand; lad afkøle.
b) Tilsæt citronsaft, ananasjuice, mayonnaise og salt.
c) Blend godt i en røremaskine og lad det køle af, indtil det er tyknet.
d) Hæld i isbakker i fryseren i et par minutter.
e) Vend i røreskål; pisk til det er luftigt. Vend fløde, avocado, nødder og ananas i.
f) Hæld i forme.

46. Roegrøn soufflé

Gør: 1 soufflé

INGREDIENSER:
3 spsk parmesanost; revet
2 mellemstore rødbeder; kogt og skrællet
2 spsk Smør
2 spsk mel
¾ kop kyllingebouillon; hed
1 kop rødbeder; sauteret
½ kop cheddarost; revet
3 æggeblommer
4 æggehvider

INSTRUKTIONER:
Smør a 1 qt. souffléfad; drys med parmesanost. Skær de kogte rødbeder i skiver og beklæd bunden af souffléfadet med dem.

Smelt smørret i en lille gryde, rør melet i, tilsæt den varme bouillon og fortsæt med at koge, indtil det er let tyknet, og overfør det derefter til en større skål. Hak rødbedegrønt groft og tilsæt saucen sammen med cheddarost.

I en separat skål, pisk æggeblommer; blend dem med rødbedeblanding. Pisk æggehvider, indtil de danner toppe. Fold i en skål med andre ingredienser; blandes godt. Overfør det hele til et smurt souffléfad. Drys med parmesanost.

Bages ved 350 F. i 30 minutter, eller indtil souffléen er hævet og gylden.

47. Butternut squash soufflé

Gør: 8 portioner

INGREDIENSER:
- 2 kopper Butternut squash, kogt og moset
- 1 kop mælk
- 1 margarinestang
- 1 kop sukker
- 3 æg
- Smag til efter ønske

INSTRUKTIONER:
a) Bland alle ingredienser og kom i en ovnfast fad. Kog ved 350'F. i 40 minutter.
b) Rør en gang under bagningen.

DESSERT

48. Chokolade sky soufflé

Gør: 5 portioner

INGREDIENSER:

- ⅓ kop let fløde 3 æggeblommer
- 1 hver 3-ounce pakke Dash salt
- Flødeost 3 æggehvider
- ½ kop halvsød
- Chokolade stykker
- 3 spsk sigtet
- Flormelis

INSTRUKTIONER:

a) Blend fløde og flødeost ved meget lav varme. Tilføj chokoladestykker; varm op og rør til det er smeltet. Fedt nok. Pisk æggeblommer og salt til det er tykt og citronfarvet. Blend gradvist i chokoladeblandingen. Pisk æggehvider, indtil der dannes bløde toppe.

b) Tilsæt gradvist sukker, pisk til stive toppe; vend chokoladeblandingen i. Hæld i usmurt 1-liters souffléfad eller gryde.

c) Bages i en langsom ovn ved 300 grader i 45 minutter eller indtil den isatte kniv kommer ren ud.

49. Chokolade soufflé kage

Giver: 8 portioner

INGREDIENSER:
- Nonstick vegetabilsk olie
- Spray
- 14 spiseskefulde Sukker
- ⅔ kop Valnødder - ristede
- ½ kop Usødet kakaopulver
- 3 spiseskefulde Vegetabilsk olie
- 8 store Æggehvider
- 1 knivspids Salt
- Flormelis

INSTRUKTIONER:
a) Spred pande og papir med vegetabilsk oliespray.
b) Drys panden med 2 spsk sukker. Kværn nødder fint med 2 spsk sukker i en processor.
c) Overfør nøddeblandingen til en stor skål. Bland 10 spiseskefulde sukker og kakao i, derefter olie.
d) Brug en elektrisk røremaskine, pisk æggehvider og salt i en stor skål, indtil der dannes bløde toppe. Fold hviderne i kakaoblandingen i 3 tilsætninger.
e) Hæld dejen i den forberedte gryde; glat top.
f) Bages indtil kagen puster og en tester indsat i midten kommer ud med fugtige krummer påsat, cirka 30 minutter.

50. Jordbær soufflé

Gør: 6

INGREDIENSER:
- 18 ounce friske jordbær, skrællet og pureret
- ⅓ kop rå honning
- 5 økologiske æggehvider
- 4 tsk frisk citronsaft

INSTRUKTIONER:
a) Forvarm din ovn til 350°F.
b) Kombiner jordbærpuréen, 3 spsk honning, 2 proteiner og citronsaften i en skål, og puls den, indtil den er luftig og let.
c) Tilsæt de resterende proteiner i en anden skål og pisk til det er luftigt.
d) Bland den resterende honning i.
e) Rør forsigtigt proteinerne i jordbærblandingen.
f) Overfør blandingen jævnt i 6 ramekins og på en bageplade.
g) Kog i cirka 10-12 minutter.
h) Tag ud af ovnen og server straks.

51. Ukrainsk dampet kålsoufflé

Giver: 8 portioner

INGREDIENSER:
- 1 stk. Kål, stor, med de yderste blade intakte
- 1 stk Løg, stort, hakket
- 4 spsk Smør
- 1½ tsk salt
- ¾ kop mælk
- ½ tsk rød peberflager
- 1 tsk hvid peber
- 1 tsk merian
- 3 æggeblommer
- 5 æggehvider
- 1 tsk sukker
- ½ hver hvidløgsfed, hakket

INSTRUKTIONER:
a) Udkern kål og fjern de yderste blade. Blancher disse store ydre blade i kogende vand i 5 minutter. Dræn og sæt til side. Udkern kålen, skær den i stykker og kom den i en stor gryde.
b) Hæld mælken over kålen og lad det simre i 25 minutter eller indtil kålen er mør. Svits løg og hvidløg i smør.
c) Bland den hakkede kål, løg og hvidløg, smørret fra sauteringen, brødkrummer, æggeblommer og krydderier.

d) Pisk æggehviderne til de er stive, men ikke tørre, og vend dem derefter ind i blandingen. Fordel de blancherede kålblade på et stort osteklæde.

e) Læg fyldblandingen i midten af bladene.

f) Fold bladene op for at dække fyldet. Bring hjørnerne af osteklædet sammen og bind dem sammen med en snor.

g) Placer dette bundt forsigtigt i et dørslag, og læg dørslaget i en dyb gryde over et par centimeter vand.

h) Dæk gryden til, så den lukker.

i) Bring gryden i kog og kog i 45 minutter.

j) Indtil osteklædet vendes og fjernes osteklædet.

k) Server ved at skære souffléen i både.

52. Abrikos og pistacie soufflé

Gør: 6 - 8

INGREDIENSER:
- 3 spsk Smør
- 4 spsk mel
- 1½ dl mælk
- 6 æggeblommer
- 8 æggehvider
- knivspids salt
- ⅛ tsk Fløde af tatar
- ½ Abrikos- og ananasmarmelade
- ½ Abrikos- og ananasmarmelade
- ¼ teskefuld mandelekstrakt
- 2 Mandelekstrakt
- flødeskum
- tørrede abrikoser, udblødte
- afskallede pistacienødder
- abrikos brandy
- flormelis
- Malede pistacienødder

INSTRUKTIONER:
a) Forvarm ovnen til 400-F.
b) Smelt smørret og tilsæt melet. Tilsæt mælken gradvist under omrøring med et piskeris for at lave en tyk jævn sauce.

c) Tilsæt sukkeret. Tag af varmen og tilsæt æggeblommerne en ad gangen.

d) Tilsæt mandelekstrakten, de drænede, hakkede abrikoser, pistacienødderne og den valgfrie brandy. Pisk æggehviderne, med et nip salt og fløde af tatar, til de er stive.

e) Fold abrikosblandingen i og ske i en smurt og sukkersmurt 6 kopper souffléfad. Sæt souffléen i ovnen, og reducer straks varmen til 375 F. Bages i 25 minutter.

53. Calendula soufflé

Giver: 4 portioner

INGREDIENSER:
- 1 spsk Smør
- 2 spsk parmesanost
- 6 æg
- ½ kop Halv og halv
- ¼ kop revet parmesan
- 1 tsk tilberedt sennep
- ½ tsk salt
- ½ tsk cayennepepper
- 1 streg Muskatnød
- ½ pund skarp cheddar; skæres i små stykker
- 10 ounce flødeost; skæres i små stykker
- ½ kop Calendula kronblade

INSTRUKTIONER:
a) Fordel smør i et 5-kopps souffléfad. Drys med de 2 spsk parmesan.
b) Pisk æg, ¼ kop parmesan, halvt og halvt, sennep, salt, cayenne og muskatnød i en blender, indtil det er glat. Mens motoren stadig kører, tilsæt Cheddar stykke for stykke, derefter flødeosten. Hæld i tilberedt fad og rør i calendula kronblade.

c)Bages i 45 til 50 minutter ved 375F, eller indtil toppen er gyldenbrun og lidt revnet. Server med det samme, pynt med flere calendula blomster.

54. Fal len citron soufflé

Giver: 1 portion

INGREDIENSER:
- 3 store æg; adskilt
- 3 spiseskefulde sukker
- 1½ spsk almindeligt mel
- 2 tsk smeltet smør
- 100 ml frisk citronsaft
- 1 spsk citronskal
- 190 ml mælk
- 2 teskefulde smeltet smør; ekstra
- 3 spiseskefulde sukker; ekstra
- Friske mynteblade
- Købt sorbet eller is

INSTRUKTIONER:
a) Forvarm ovnen til 180c. og smør seks souffléretter.
b) Drys dem med det ekstra sukker og stil til side.
c) Pisk æggeblommer og sukker tykt og cremet, tilsæt derefter mel og smør og fortsæt med at piske indtil sukkeret er helt opløst.
d) Rør citronsaft, citronskal og mælk i og pisk, indtil dejen er jævn.
e) Pisk æggehviderne i en separat skål, indtil de er "skummende", og fortsæt med at piske, mens

sukkeret tilsættes. Pisk ved høj hastighed til æggehviderne er stive og blanke.

f) Fold æggehviderne i citrondejen og del derefter dejen jævnt mellem de tilberedte soufflératter.

g) Læg souffléfadene i en bradepande, og fyld derefter med koldt vand, indtil vandstanden er halvvejs op ad siderne af souffléfadene.

h) Bag dem ved 180c. i 40 minutter.

i) Når souffléerne er færdigbagte, tages de af vandbadet og stilles i køleskabet i mindst 30 minutter eller op til 6 timer.

j) Til servering skal du lade dem komme tilbage til stuetemperatur og derefter køre en kniv rundt om kanten af hver souffléfad og vende souffléen på et serveringsfad.

k) Drys med flormelis og pynt med mynteblade. Server med tyk fløde eller is hvis det ønskes.

55. Frosset tranebærsoufflé med spundet sukker

Gør: 2 portioner

INGREDIENSER:
- 2½ kopper tranebær, plukket
- ⅔ kop sukker
- ⅔ kop vand

TIL DEN ITALIENSKE MARENGS:
- ¾ kop sukker
- ⅓ kop vand
- 4 store æggehvider
- 2½ kopper Godt afkølet tung creme til den spundne sukkerkrans:
- ½ kop let majssirup
- ¼ kop sukker
- ½ kop Tranebær, plukket
- Myntekviste til pynt

INSTRUKTIONER:
a) Lav tranebærblandingen: Kombiner tranebærene, sukkeret og vandet i en tyk gryde og bring blandingen i kog under omrøring, indtil sukkeret er opløst. Lad blandingen simre, under omrøring af og til, i 5 minutter, eller indtil den er tyknet, og lad den køle helt af.

b) Lav den italienske marengs: Kombiner sukkeret og vandet i en lille tyk gryde og bring blandingen i kog under omrøring, indtil sukkeret er opløst. Kog siruppen, skyl eventuelle sukkerkrystaller, der klæber sig til siden af gryden, med en pensel dyppet i koldt vand, indtil den registrerer 248 grader F. på et sliktermometer, og fjern gryden fra varmen. Mens siruppen koger, piskes æggehviderne med en knivspids salt i den store skål på en el-mikser, indtil de holder bløde toppe, og med motoren kørende tilsættes den varme sirup i en stråle, pisk og pisk marengsen kl. medium hastighed i 8 minutter, eller indtil den er afkølet til stuetemperatur.

c) Fold tranebærblandingen forsigtigt men grundigt i marengsen. I en anden skål, med rensede piskeris, pisk fløden, indtil den lige holder stive toppe, og fold den forsigtigt men grundigt ind i tranebærblandingen.

d) Hæld souffléen i en $2\frac{1}{2}$ qt. frysesikker serveringsskål af glas, glatter toppen, og frys souffléen, dens overflade dækket med plastfolie, natten over.

e) Lav den spundne sukkerkrans: Kombiner majssirup og sukker i en lille, tung gryde, bring blandingen i kog ved moderat varme, rør indtil sukkeret er opløst, og kog siruppen indtil den er gylden karamel og registrerer 320 grader F. på et sliktermometer.

f) Mens siruppen koger, olie let et 12-tommer kvadratisk ark folie og på det arrangere tranebærene i en 6-tommer bred kransform.

g) Tag gryden af varmen og lad siruppen køle af i 30 sekunder.

h) Dyp en gaffel i siruppen og dryp siruppen over tranebærrene, gentag denne procedure, indtil tranebærene er dækket, og kransen er dannet.

i) Lad kransen køle helt af.

j) Kransen må laves 2 timer i forvejen - helst ikke på en fugtig dag - og opbevares køligt og tørt.

k) Lirk forsigtigt kransen fra folien, anret den på souffléen, og pynt den med myntekviste.

56. Iced abrikos soufflé

Gør: 5 portioner

INGREDIENSER:
- saft og fintrevet skal af 1 appelsin
- To ¼-ounce konvolutter med gelatine uden smag
- 3 mellemstore æg, adskilt, plus 2 flere hvider
- ½ kop superfint sukker
- 1 tsk ren vaniljeekstrakt
- 1 kop piskefløde
- 4 spsk Amaretto likør
- 1 kop abrikospuré
- ¾ kop solbær
- 2 til 3 spsk superfint sukker

INSTRUKTIONER:
a) Forbered 4 ramekins ved at pakke et bånd af vokspapir rundt om ydersiden af hver, der kommer til omkring 2 inches over fælgene; Fastgør med tape.

b) Smør papiret og indersiden af fadene let.

c) Lun appelsinsaften i en lille gryde, drys gelatinen på og lad den opløses. Fedt nok.

d) Kom appelsinskal, æggeblommer, sukker og vanilje i en stor skål.

e) Pisk til det er rigtig tykt, blegt og cremet. Afkøl let.

f) I en separat skål piskes æggehviderne stive og næsten danner toppe. I en tredje skål piskes fløden til den er stiv og holder formen.

g) Rør gelatineblandingen sammen med Amarettoen i de piskede æggeblommer.

h) Vend derefter flødeskum, abrikospuré og til sidst æggehviderne i.

i) Når det er let, men grundigt blandet, hældes det i ramekinerne, glattes toppen og fryses i 2 til 3 timer.

j) For at lave saucen varmes alle de solbærende ribs op i en gryde med sukkeret; kog i 4 til 5 minutter.

k) Hæld gennem en sigte for at fjerne alle frøene, hvis du ønsker det, og tilsæt derefter de hele solbær i gryden. Sæt til side.

l) Til servering skal du tage ramekins ud af fryseren 10 minutter før du spiser, pil papiret af og lav et hul i midten af toppen.

m) Varm saucen op i sidste øjeblik og hæld lidt i midten. Server resten separat.

57. Grand marnier & orange is-soufflé

Gør: 8

INGREDIENSER:
- 4 store appelsiner
- $\frac{1}{4}$-ounce konvolut med gelatine uden smag
- 6 store æg, adskilt
- 1 kop plus 2 spsk superfint sukker
- 4 til 6 spiseskefulde Grand Marnier
- 2 spsk citronsaft
- 1 $\frac{3}{4}$ dl piskefløde, pisket
- 2 spsk vand
- få stængler af røde ribs

INSTRUKTIONER:
a) Forbered en 7-tommer bred, dyb souffléskål ved at pakke den ind i en krave af dobbeltvokset papir, der kommer omkring 2 tommer over kanten. Fastgør det voksbehandlede papir med tape.
b) Riv skallen af 2 appelsiner fint og stil til side.
c) Pres nok saft ud af 2 eller 3 af appelsinerne til at lave 1 kop juice.
d) Varm appelsinsaften op og rør derefter gelatinen i.
e) Stil det til side for at opløses eller kom det i en lille skål over varmt vand, indtil det er helt opløst.
f) Pisk æggeblommerne og 1 kop sukker til det er tykt og cremet.

g) Pisk appelsinsaft, appelsinskal, Grand Marnier og citronsaft i.
h) Stil til side til afkøling, men køl ikke.
i) Pisk æggehviderne stive.
j) Fold dem forsigtigt i den afkølede appelsin- og æggeblommeblanding, efterfulgt af flødeskum, indtil de er godt indarbejdet.
k) Hæld i den tilberedte souffléskål og frys i flere timer eller natten over.
l) Skær og halver den resterende appelsin i tynde skiver og læg den i en lav pande eller stegepande med de resterende 2 spsk sukker og 2 spsk vand. Lad det simre forsigtigt, indtil det er møre, og kog derefter ved høj varme, indtil appelsinsegmenterne begynder at karamellisere.
m) Afkøl grundigt på et stykke vokspapir.
n) Til servering skal du forsigtigt fjerne papirkraven fra rundt om souffléen og sætte fadet på et serveringsfad.
o) Arranger de karamelliserede appelsinstykker oven på souffléen og tilsæt et par stilke friske ribs.

58. Spansk pan soufflé

Gør: 1

INGREDIENS
- 1 Æske spansk hurtig brun ris
- 4 Æg
- 4 ounces Hakket grøn chili
- 1 kop Vand
- 1 kop Revet ost

INSTRUKTIONER:
a) Følg emballagevejledningen for tilberedning af æskens indhold .
b) Når risene er færdige, piskes de resterende ingredienser i , undtagen osten.
c) Top med revet ost og bag ved 325°F i 30-35 minutter.

59. <u>Orange Jelly Soufflé</u>

Gør: 5 portioner

INGREDIENSER:
- Sojamælk, 6 kopper
- B olieret afkølet, $\frac{3}{4}$ kop vand
- Orange gelékrystaller, 1 pakke, 90 g
- Varmt vand, 1 kop
- Mandarin, 60 g

INSTRUKTIONER:
a) Bland sojamælk med tidligere kogt afkølet vand.
b) Rør godt rundt og afkøl i køleskabet.
c) Bland gelékrystaller med varmt vand.
d) Rør godt, indtil krystallerne er opløst.
e) Hæld blandingen i en glasskål og lad den stå på køl i fryseren, indtil blandingen næsten er stivnet.
f) Tag blandingen ud af fryseren og pisk den med den tilberedte sojamælk, indtil blandingen bliver skummende.
g) Sæt blandingen tilbage i køleskabet for at sætte sig.

60. <u>Violet soufflé</u>

Giver: 1 portion

INGREDIENSER:
- 9 ounce granuleret sukker
- 8 æggeblommer
- 8 dråber violet essens
- 12 kandiserede violer, knust eller hakket
- 12 æggehvider
- 1 knivspids salt
- Smør
- Melis
- Flormelis

INSTRUKTIONER:
a) Pisk sukker og æggeblommer sammen til det er bleg og tyk.
b) Tilsæt violet essens og kandiserede violer.
c) Pisk æggehvider med salt til stive toppe. Fold sammen.
d) Smør indersiden af et souffléfad og beklæd det med så meget sukker, som det kan klæbe til smørret.
e) Hæld souffléblandingen i. Bages i 15 minutter ved 400.
f) Drys konditorsukker over toppen og sæt tilbage i ovnen i 5 minutter mere.
g) Serveres varm.

61. Pistacie-soufflé med pistacieis

Gør: 6

INGREDIENSER
TIL IS
- 4 store æg, adskilt
- 100 g gyldent strøsukker
- 300 ml dobbelt creme
- 2 spsk pistaciepasta

TIL SOFFLEEN
- smeltet smør, til retterne
- 3 spsk flormelis, plus ekstra til retterne
- 3 store æg, adskilt
- 1 spsk majsmel
- 1 spsk almindeligt mel
- 250 ml sødmælk
- 2 spsk pistaciepasta

INSTRUKTIONER:

a) Lav isen dagen før. Pisk æggehviderne til stive toppe med elpiskere, pisk derefter sukkeret gradvist i, pisk efter hver tilsætning, indtil du har en glat, blank marengs.

b) Brug de samme piskeris til at piske fløden med pistaciepastaen til bløde toppe.

c) Fold fløde og æggeblommer gennem marengsen, kom i en beholder og frys i seks timer eller natten over.

d) For at lave souffléerne skal du pensle indersiden af seks ramekins med smeltet smør og derefter overtrække dem med flormelis.

e) Pisk æggeblommerne med 2 spsk sukker, melet og en knivspids salt. Varm mælken op med pistaciepastaen, indtil den lige damper, og hæld derefter væsken på æggeblommeblandingen under konstant piskning.

f) Rens mælkegryden ud, hæld derefter blandingen tilbage i, vend tilbage til varmen og kog i 2-3 minutter, indtil den har en konsistens som en tyk creme. Fjern fra varmen og dæk overfladen med husholdningsfilm indtil den skal bruges.

g) Når du er klar til at spise, opvarm ovnen til 200C og sæt en bageplade på øverste hylde for at varme op.

h) Brug elektriske piskere til at piske æggehviderne til middelstive toppe, og pisk derefter det resterende sukker i.

i) Bland en stor skefuld af æggehviderne i pistacieblandingen, og vend derefter forsigtigt resten i.

j) Fordel mellem ramekinsene, og kør derefter en bestikkniv rundt om den øverste kant af hver af ramekinsene.

k) Overfør til den varme bageplade og kog i 8-12 minutter, indtil den er godt hævet.

l) Server med det samme toppet med pistacieis.

62. Fransk hvid chokolade soufflé

Giver: 6 portioner

INGREDIENSER
- 9 spsk granuleret sukker, delt
- 5 spsk universalmel
- $\frac{1}{4}$ tsk salt
- 5 ounce hvid chokolade, fint hakket
- 3 store æggeblommer, stuetemperatur
- 6 store æggehvider, stuetemperatur
- $\frac{1}{4}$ tsk fløde tatar
- 1 tsk ren vaniljeekstrakt
- 1 pat usaltet smør
- Konditorsukker, til afstøvning
- Friske hindbær, til pynt

INSTRUKTIONER:
a) Forvarm ovnen til 375 F.

b) Smør et stort soufflédfad og drys det med $\frac{1}{4}$ kop granuleret sukker; sæt den tilberedte ret til side.

c) Rør salt, universalmel og resterende $\frac{1}{4}$ kop plus 1 spsk sukker sammen; sæt blandingen til side.

d) Smelt de hvide chokoladestykker i en varmefast skål eller dobbeltkoger over knapt kogende vand, og rør konstant i chokoladen for at undgå at brænde den.

e) Når chokoladen er smeltet, tages skålen af varmen og æggeblommerne røres i, indtil blandingen er grundigt blandet.

f) I en separat skål piskes æggehviderne med cremen af tatar på medium-høj hastighed, indtil de holder bløde blanke toppe.

g) Fortsæt med at piske æggehviderne ved høj hastighed, tilsæt vanilje, og tilsæt derefter gradvist salt-mel-sukker-kombinationen, indtil æggehviderne holder stive, blanke toppe.

h) Rør forsigtigt ⅓ af æggehviderne i chokoladeblandingen, og vend derefter forsigtigt de resterende piskede æggehvider i.

i) Chokoladeblandingen skal være ensartet farvet og lys og boblende, uden æggehvidestriber eller marmorering.

j) Hæld souffléblandingen i det tilberedte fad, og lad den hvile, tildækket, i op til 30 minutter, eller bag med det samme i 25 til 30 minutter, indtil souffléen har hævet med en sprød yderside.

k) Server souffléen med en pudsning af melis, hvis det ønskes.

63. Æblesouffléer med saltet karamelsauce

Gør: 6-7

INGREDIENSER
- Smeltet smør til smøring
- 4½ cox æbler, skrællet, udkernet og skåret i kvarte
- 150 g mørkt muscovadosukker
- ¾ tsk stødt kanel
- 1 vaniljestang, skåret i halve på langs, frø skrabet ud
- 3 mellemstore fritgående æg, adskilt
- 8-10 svampefingre
- 3 spsk calvados
- 75 g gyldent strøsukker
- Flormelis til støv

TIL DEN SALTEDE KARAMELSAUCE
- 300 ml enkelt creme
- 1 vaniljestang, skåret i halve på langs, frø skrabet ud
- 190 g gyldent strøsukker
- 225 g saltet smør i tern

INSTRUKTIONER:
a) Forvarm ovnen til 200°C/180°C blæser/gas 6. Pensl smeltet smør over hele indersiden af ramekinerne. Læg æblerne i et ovnfast fad, drys med muscovadosukker og kanel, tilsæt vaniljefrø

og stang, og kog derefter i 45 minutter, vend af og til, indtil de er bløde.

b) Fjern vaniljestangen, hæld æblerne og eventuel juice i en foodprocessor, og pisk derefter til en puré. Tilsæt æggeblommerne, pisk og overfør dem til en røreskål. Skru op for ovnen til 220°C/200°C blæser/gas 7.

c) Lav imens den saltede karamelsauce. Kom fløde, vaniljefrø og stang i en gryde og bring det i kog. Opvarm en stor stegepande over medium-høj varme og tilsæt 190 g gyldent strøsukker, en skefuld ad gangen, og lad hver tilsætning smelte, før den næste tilsættes. Boble indtil det danner en dyb ravfarvet karamel.

d) Fjern vaniljestangen fra cremen, hæld den derefter over karamellen, pisk ved middel varme, indtil den er inkorporeret.

e) Pisk smørret i stykke for stykke for at skabe en blank sauce. Holde varm.

f) Bræk svampefingrene i 1-2 cm stykker og læg dem i bunden af ramekinerne.

g) Dryp med calvados. Sæt en bageplade i ovnen for at varme op.

h) Kom æggehviderne i en ren røreskål. Pisk til stive toppe med en elektrisk mixer, tilsæt derefter 75 g gyldne strøsukker en skefuld ad gangen, og pisk tilbage til stive toppe efter hver tilsætning, indtil alt sukkeret er inkorporeret.

i) Bland en skefuld af marengsen i æblemosen for at løsne, og fold derefter forsigtigt puréen ind i marengsen med en stor metalske i en ottetalsbevægelse.

j) Fordel mellem ramekins. Brug en paletkniv til at jævne toppene, og kør derefter spidsen af en bordkniv rundt om hver soufflé.

k) Sæt ramekins på den varme bageplade i ovnen.

l) Bages i 12-15 minutter, indtil de er hævede og gyldne, men stadig med en lille slingre i midten.

m) Drys med flormelis, og server derefter straks med karamelsaucen.

64. Afkølet citronsoufflé

Gør: 8

INGREDIENSER
- 4 gelatineblade
- Finrevet skal og saft af 3 uvoksede citroner
- 6 mellemstore økologiske æg, adskilt
- 300 g gyldent strøsukker
- 425 ml piskefløde

INSTRUKTIONER:
a) Tag et 24 cm langt bagepapir og fold det i 3, og bind det derefter om et 1-liters ligesidet soufflefad, så papiret strækker sig 2-4 cm over toppen. Sæt til side.

b) Læg gelatinebladene i blød i rigeligt koldt vand og stil dem til side.

c) Kom imens citronskal og -saft, æggeblommer og sukker i en stor varmefast skål. Bring en gryde med vand i kog, og sluk derefter for varmen.

d) Placer skålen over gryden med varmt vand, og sørg for, at bunden af skålen ikke rører vandet.

e) Brug en elektrisk håndpisker, pisk citronblandingen i cirka 5 minutter, indtil den er tyknet og bleg i farven.

f) Varm 2-3 spsk vand i en lille gryde, så det lige dækker bunden.

g) Når det er varmt, skal du klemme det overskydende vand fra den udblødte gelatine, slippe bladene ned i gryden og straks tage gryden af varmen. Rør til det er opløst, og pisk derefter i den fortykkede citronblanding. Tag skålen ud af gryden og stil til side til at køle helt af.

h) I en ren skål piskes æggehviderne til bløde toppe. I en anden ren skål piskes piskefløden, indtil den er blød.

i) Vend flødeskummet i citronblandingen, indtil der ikke er spor af hvidt tilbage, og vend derefter æggehviden i igen, indtil der ikke er spor af hvidt tilbage.

j) Hæld i den tilberedte ret og stil på køl i mindst 4 timer eller indtil den er stivnet.

k) For at servere skal du forsigtigt fjerne snoren og papirkraven fra rundt om souffléen.

65. Brændt pære og blå ost soufflé

Gør: 2 - 3

INGREDIENSER
- Håndfuld tørret brødkrummer
- 2 faste dessertpærer, 1 skrællet, 1 ikke skrællet, i kvarte
- 50 g smør
- 2 tsk blødt brun farin
- 4 friske timiankviste plus 2 ekstra
- Røget salt
- 1½ spsk almindeligt mel
- 125 ml sødmælk, opvarmet
- 2 store fritgående æg, adskilt
- 75 g cremet blåskimmelost, smuldret

TIL BITTERBLADSALATEN
- 1 cikorie, bladene adskilt
- ½ fennikelløg, skåret i tynde skiver
- Håndfuld brøndkarse og raketblade
- En håndfuld valnødder, groft hakket

TIL DRESSINGEN
- 1½ spsk ekstra jomfru olivenolie
- 1 tsk dijonsennep
- 2 tsk hvidvinseddike

INSTRUKTIONER:

a) Drys brødkrummer i den smurte bradepande, vend for at dække indersiden. Forvarm ovnen til 200°C.

b) Kom alle pæreskiverne i en stegepande ved høj varme med 25 g af smørret, sukkeret, en skvæt vand og timian.

c) Bring i kog, og sænk derefter varmen lidt og kog i 15-20 minutter eller indtil de er bløde og karamelliserede.

d) Smag til med røget salt og kværnet sort peber. Stil til side for at køle lidt af.

e) Varm imens det resterende smør op i en gryde. Når det skummer, røres melet i og koges i 3-4 minutter under omrøring med en spatel, indtil det dufter kiks.

f) Tag gryden af varmen og pisk den varme mælk i til en jævn masse. Lad det simre forsigtigt i 3-4 minutter under omrøring, indtil det er glat og tykt.

g) Tag gryden af varmen og bland æggeblommer og halvdelen af blåskimmelosten i. Læg halvdelen af pærerne i det tilberedte fad.

h) I en ren røreskål piskes æggehviderne med en elektrisk håndmikser, indtil de holder medium-stive toppe.

i) Bland 1 spiseskefuld af æggehviden i æggeblommeblandingen for at løsne den, og fold derefter forsigtigt men hurtigt resten i med en metalske.

j) Hæld i fadet og top med den resterende ost.

k) Bages i 18-20 minutter, indtil de er hævet op, men med en lille slingre.

l) Vend imens salatingredienserne sammen med de resterende pærer.

m) Pisk ingredienserne til dressingen, dryp over salaten og smag til med sort peber.

n) Server souffléen med det samme, drysset med den ekstra timian, sammen med salaten og lidt sprødt brød, hvis du har lyst.

66. Banan kakao soufflé

Gør: 5 portioner

INGREDIENSER
- 2 modne bananer, hakket
- 5 æggehvider
- 100 g flormelis, plus ekstra til at drysse
- Blødgjort smør, til at børste
- ½ kop kakao, sigtet, plus ekstra til at støve
- Chokoladesauce, til servering

INSTRUKTIONER:
a) Forvarm ovnen til 220°C.

b) Kom bananerne i en blender og pisk indtil puré. Sæt til side.

c) Læg æggehvider i skålen med en røremaskine udstyret med piskeriset og pisk indtil bløde toppe. Med motoren kørende tilsættes sukkeret gradvist, indtil æggehviderne er tykke og luftige, og sukkeret er opløst. Vend forsigtigt bananpuré i, indtil det er blandet.

67. **Mokka Soufflé s**

Gør: 5 portioner

INGREDIENSER
- ⅓ kop kakaopulver
- 1 spsk instant kaffe
- 100 g flormelis, plus ekstra til at drysse
- 6 æggehvider
- Knip fløde af tatar
- Flormelis til støv

INSTRUKTIONER:
a) Forvarm ovnen til 190°C.
b) Kom kakao og kaffe i en gryde med ⅓ kop koldt vand og rør ved svag varme, indtil det er opløst. Øg varmen til medium-høj og lad det simre i 2 minutter, og stil derefter til side til afkøling i 5 minutter.
c) Smør fire 1-kops souffléfade eller kobbergryder og drys indersiden med ekstra strøsukker, ryst eventuelt overskydende af.
d) Pisk æggehviderne i en elektrisk røremaskine, indtil der dannes bløde toppe.
e) Tilsæt langsomt flormelis og fløde af tatar, og fortsæt med at piske, indtil der dannes stive toppe.
f) Vend forsigtigt lidt æggehvide ind i mokkablandingen, tilsæt derefter blandingen til

de resterende æggehvider og vend det ind, så det bare blandes, og bevar så meget luft i blandingen som muligt.

g) Fyld hver souffléfad eller gryde til toppen.

h) Læg på en bageplade og bag i 12 minutter eller indtil hævet.

i) Læg varme retter på tallerkener, drys med flormelis, og server straks.

68. Hindbær soufflé

Gør: 6

INGREDIENSER:
- 1-2 spsk usaltet smør, blødgjort
- 50 g flormelis, plus ekstra til at drysse
- 6 æggehvider
- Flormelis, til støv

FRUGT BASE
- 500 g friske hindbær
- 125 g flormelis
- 1 spsk majsmel

INSTRUKTIONER:
a) For at lave frugtbunden skal du forarbejde bær i en foodprocessor til en glat puré.
b) Kom puré og sukker i en gryde over medium varme, rør for at opløse sukker.
c) Blend majsmel med 1 spsk vand.
d) Når bærblandingen er ved kogepunktet, sænk varmen til lav og pisk majsmelblandingen i.
e) Pisk i 1 minut, tag derefter af varmen og afkøl, indtil det er helt afkølet.
f) Pensl bunden af seks 250 ml souffléretter med det blødgjorte smør, og pensl derefter siderne med opadgående strøg.
g) Chill indtil sæt, og gentag derefter.

h) Drys retter med sukker, fjern eventuelt overskydende, og køl derefter af igen, indtil det skal bruges.

69. Chokolade Marshmallow Soufflé

Gør: 6 portioner

INGREDIENSER:
- 3 spsk smør
- 3 spsk mel
- ¼ tsk salt
- 1 kop mælk
- ¼ kop sukker
- 3 ounces usødet chokolade, revet
- 30 skumfiduser
- 3 æggeblommer, pisket
- 1½ tsk vanilje
- 3 æggehvider, stift pisket
- Flødeskum

INSTRUKTIONER:
a) Smelt smør i en gryde. Rør mel og salt i.
b) Tilsæt mælk og kog over lav varme under konstant omrøring, indtil det er tykt og glat.
c) Tilsæt sukker, chokolade og skumfiduser og rør, indtil skumfiduserne er smeltet.
d) Fjern fra varmen og tilsæt langsomt æggeblommer og vanilje. Blend godt. Fedt nok.
e) Når det er afkølet, fold æggehviderne i chokoladeskumfidusblandingen.

f) Hæld i en gryde eller souffléfad, læg i en gryde med kogende vand og bag i en 350 grader varm ovn i en time eller indtil den er stivnet.
g) Serveres lun eller kold med flødeskum.

70. Is Kiwi Soufflé

Gør: 4 portioner

INGREDIENSER:
- 9 Kiwier
- saft af 1 citron
- 2 æggehvider
- 6 spsk sukker
- 100 milliliter kokosfløde
- 200 milliliter flødeskum

INSTRUKTIONER:
a) Skræl kiwierne og skær 1 i tynde skiver. Hak de resterende kiwier groft.
b) Purér de hakkede stykker med citronsaft og sukker og sæt 4 spsk til side.
c) Pisk æggehviderne og bland med kiwipuréen og ske i glas.
d) Sæt i fryseren og rør hvert 15. minut med en gaffel for at bryde de store iskrystaller op.
e) Bland de 4 spiseskefulde kiwipuré med kokosmælk.
f) Pisk fløden og vend den i blandingen.
g) Når sorbeten begynder at fryse, laver du bagepapirsringe omkring den øverste del af glassene ca. 3 cm høje.
h) Fyld hvert glas med kokoscremen ovenpå sorbeten og frys i 2 timer.

i) Fjern 15 minutter før servering og lad tø kort op.

j) Pynt med kiwiskiver og server.

71. Chokoladesouffléer med pærer

Gør: 4

INGREDIENSER:
- 4 pærer
- 3 adskilte æg
- 65 g universalmel
- 100 g hakket mørk chokolade
- 50 g sukker
- 1 appelsinskal
- 3 g mørk kakaopulver
- 50 ml, frisk mælk
- Smør
- økologisk
- Sukker
- økologisk

INSTRUKTIONER:
a) Opvarm ovnen til 375°F, smør ramekins med smør, og drys med sukker.
b) Bland mælk, kakao, appelsinskal og 25 g sukker. Kom i en gryde og bring det i kog.
c) Tag af varmen og tag appelsinskallen ud. Tilsæt chokoladen og lad den smelte.
d) Pisk æggehviden med et nip salt til den er stiv og bland gradvist det resterende sukker i.
e) Rør æggeblommer og mel i den smeltede chokolade.

f) Fold de piskede æggehvider i og overfør blandingen til de forberedte ramekins.

g) Læg en pære i hver ramekin og læg ramekinerne i et stort, ovnfast fad.

h) Fyld fadet med 2-3 cm varmt vand og kom det over i ovnen. Bages i 25-30 min.

i) Tag ud af ovnen og server med det samme.

72. Grand Marnier Soufflé

INGREDIENSER:
- 1/3 kop smør
- 3/4 kop mel
- 1/2 tsk salt
- 1 1/2 dl mælk
- 5 æg, adskilt
- 3 æggehvider
- 1 kop sukker
- 2 spsk citronsaft
- 1 tsk revet citronskal
- 1/2 kop Grand Marnier

a) Smør et 2 liter souffléfad let og drys det med sukker. Klip en strimmel vokspapir eller folie omkring 30 inches lang og 6 inches bred - lang nok til at overlappe sig selv med mindst 2 inches, når den er pakket rundt om fadet.

b) Fold det halvt på langs, smør derefter den ene side med smør og drys med sukker. Bind papiret som en krave rundt om souffléfadet, sukkersiden ind, så det strækker sig mindst 2 centimeter over fadet. Fastgør enderne af kraven med papirclips eller lige stifter.

c) Smelt smør ved svag varme i en gryde – lad det ikke brune. Fjern fra varmen, tilsæt mel og salt og bland til en jævn masse.

d) Tilsæt mælken, lidt ad gangen, under konstant omrøring. Vend tilbage til varmen, under konstant omrøring, indtil den er tyknet og glat. Dette gøres bedst med et piskeris. Fjern fra varmen. Skil æggene fra hinanden. Stil æggehvider til side.
e) Pisk de 5 æggeblommer til tykke. Tilsæt varm flødesauce, en lille mængde ad gangen, pisk konstant, indtil al saucen er tilsat, og blandingen er en cremet vanillecreme. Stil til side til afkøling.
f) Forvarm ovnen til 350F. Pisk alle otte æggehvider, indtil der dannes bløde toppe, når piskeriset løftes forsigtigt. Tilsæt sukker gradvist under konstant pisk indtil en stiv marengs er dannet.
g) Pisk gradvist citronsaft i, et par dråber ad gangen. Rør citronskal og Grand Marnier i æggeblandingen, og rør godt. Tilsæt det hele på én gang til æggehvider, fold grundigt med hurtige, lette strøg.
h) Hæld i souffléfadet og sæt fadet i en gryde med en tomme varmt vand.
i) Bages i en time. Fjern fra ovnen og fjern forsigtigt papirkraven.
j) Server med det samme, disk det ud med en stor ske.

73. Ahornsirup soufflé

Gør: 2

INGREDIENSER:
- 1/2 kop pulveriseret sukker 70 g
- 2 tsk bagepulver 10 ml
- 1 kop ahornsirup 250 ml
- 4 æggehvider

Forvarm ovnen til 375F 190C
Pisk æggehviderne.
Tilsæt langsomt sukker og bagepulver, vend langsomt med en spatel.
Tilsæt langsomt ahornsiruppen, vend med en spatel.
Smør et soufflefad med smør.
Bages ved 375F (190C) i 30 minutter.
Server straks.

74. Orange soufflé

Giver 1 3/4 kopper .

INGREDIENSER:
- 3 spsk smør
- 1/4 kop universalmel
- strejf salt
- 2/3 kop mælk
- 1 tsk fintrevet appelsinskal
- 1/3 kop appelsinjuice
- 4 æggeblommer
- 4 æggehvider
- 1/4 kop sukker
- Appelsinsauce

a) Sæt en smurt og sukkersmurt foliekrave på et 2 liter souffléfad; sæt til side.
b) I en lille gryde smeltes de 3 spsk smør. Rør mel og salt i.
c) Tilsæt mælk; kog og rør til det er tyknet og boblende. Fjern fra varmen; rør appelsinskal og saft i. Pisk æggeblommer i en lille skål i cirka 5 minutter, eller indtil de er tykke og citronfarvede. Rør gradvist appelsinblandingen i piskede æggeblommer. Vask piskeris grundigt.
d) I en stor røreskål pisk æggehviderne til bløde toppe. Tilføj gradvist

e) sukker, pisk til stive toppe. Vend appelsinblandingen i æggehvider. Vend i usmurt souffléfad. Bages i en 325F ovn i 60 til 65 minutter, eller indtil en kniv, der er indsat nær midten, kommer ren ud. Server straks med appelsinsauce. Giver 8 portioner.

f) Appelsinsauce: I en mellemstor gryde kombineres 1/2 kop sukker, 2 spsk majsstivelse og et strejf salt. Rør 1 1/2 dl appelsinjuice i. Kog og rør, indtil det er tyknet og boblende. Kog 2 minutter mere. Fjern fra varmen; rør 1 spsk smør i. Serveres varm.

75. Æble soufflé

Giver: 6 portioner

INGREDIENSER:
2 spsk smør (eller marg.)
2 spsk mel, til alle formål
¼ kop mælk
1½ dl æblemos
4 æggeblommer; slået
⅓ kop Brødkrummer, bløde
½ tsk salt
⅛ teskefuld kanel, stødt
⅓ kop sukker
1 spiseskefuld citronsaft; friskpresset
4 æggehvider; stift slået
1 tsk majsstivelse
1½ spsk sukker
⅔ kop æblejuice

Smelt smør. Bland i mel; rør mælk og æblemos i. Kog over lav varme, indtil det er tyknet, under konstant omrøring. Fedt nok. Blend æggeblommer i æblemosblandingen. Tilsæt brødkrummer, salt, kanel, sukker og citronsaft. Vend æggehviderne i. Hæld i en smurt 1-½ liter gryde og sæt i en gryde med varmt vand. Bages ved 300 grader i 1 time.

Tilbered saucen, mens souffléen bager. Kombiner majsstivelse og sukker og tilsæt til æblejuice. Kog til det er tyknet, under konstant omrøring.

Server over varm soufflé.

76. Abrikos soufflé

Gør: 2 portioner

INGREDIENSER:
¾ kop tung creme
2¼ teskefulde Mel
¼ kop sukker, plus ekstra til aftørring af souffléfad
8 store friske abrikoser; 4 i tern, 4 i skiver
1 tsk Kirsch
3 X-store æg, adskilt ved stuetemperatur
Knip creme af tatar
1 tsk Smør
Flormelis

Forvarm ovnen til 450 F. Kombiner fløde, mel, ¼ kop sukker og hakkede abrikoser i en stor gryde. Bring det i kog over middel varme og kog, pisk, indtil det er tykt, cirka 3 minutter. Fjern fra varmen, tilsæt kirsch og pisk derefter æggeblommer i en ad gangen.

Pisk æggehvider i en ikke-reaktiv røreskål indtil skum; tilsæt fløde af tatar; fortsæt med at slå, indtil den er meget stiv.

Smør et lille souffléfad (6½" diameter, 2½" dybt), drys med sukker og fordel ¼ kop abrikosblanding på bunden. Tilsæt omkring en tredjedel af æggehviderne til den resterende abrikosblanding; fold forsigtigt sammen. Gentag, og fold forsigtigt de resterende æggehvider i to omgange. Overbland ikke. Hæld abrikosblandingen over i soufflefad.

Sørg for, at ovnristen er lav nok til at give soufflé plads til at hæve 2" over kanten af fadet. Bag souffléen, indtil den er let brunet på toppen, 12-15 minutter. Drys generøst med konditorsukker og anret snittede abrikoser ovenpå. Server straks. (Soufflé fortsætter med at lave mad, mens den hviler; begynd at spise udenpå og arbejd dig ind i midten.)

77. Bagt chokoladebudding soufflé med bananer

Giver: 2 portioner

INGREDIENSER:
3 ounce bittersød chokolade eller halvsød chokolade, hakket
¼ kop piskefløde
2 æggeblommer, stuetemperatur
1 tsk kaffelikør
½ tsk kanel
1 lille banan
3 æggehvider, stuetemperatur
3 spiseskefulde sukker
Flormelis
Vaniljeis, valgfri

Forvarm ovnen til 425F. Smør lavvandet 4-kops oval gratinpande. Støv med sukker. Smelt chokolade med fløde i en dobbelt kedel over knapt kogende vand; rør indtil glat. Fjern fra over vand.

Pisk straks æggeblommer i, derefter likør og kanel. (Kan tilberedes 4 timer i forvejen. Tryk et stykke plastfolie på overfladen for at forhindre, at der dannes skind. Før du fortsætter, rør over knapt simrende vand, indtil det lige er varmt at røre ved.) Arranger bananskiver i forberedt gryde. Pisk hviderne, indtil der dannes bløde toppe. Tilsæt 3 spsk. sukker og pisk til det er stivt, men ikke tørt. Fold $\frac{1}{4}$ af hviderne i chokolade for at blive lette; vend forsigtigt de resterende hvider i.

Fordel forsigtigt over bananskiver. Bages, indtil de er hævede og lige netop fjedrende at røre ved, cirka 10 minutter. Drys med flormelis. Server med is.

78. Banan chokolade chip souffléer

Gør: 1 portioner

INGREDIENSER:
3 store æggehvider
⅓ kop sukker
2 faste modne bananer; (ca. 6 ounce hver)
2½ spsk Miniature semisweet chokoladechips

Forvarm ovnen til 450 grader og smør let seks ¾-kops ramekins (3½-tommer i diameter og 1½-tommer høj).

I en skål med en el-mixer pisk hviderne, indtil de lige holder bløde toppe, og pisk gradvist sukker i, indtil marengsen holder stive toppe.

Riv bananer groft på marengs og vend forsigtigt sammen med chokoladechips til marengs.

Arranger ramekins på en bageplade, og del blandingen jævnt mellem dem, del den i centre. Kør en kniv rundt om siderne af ramekins, frigør blandingen for at hjælpe med at hæve, og bag souffléerne midt i ovnen, indtil de er hævede og gyldenbrune, cirka 15 minutter. Server soufflé med det samme.

79. Sort og hvid banan split soufflé

Giver: 6 portioner

INGREDIENSER:
2 pakker Gelatine, uden smag
4 kopper mælk; kold, delt
3⅝ ounce buddingblanding, chokoladenød
⅛ teskefuld kanel, stødt
2 kopper fløde, tung; delt op
3⅝ ounces buddingblanding, vanilje
1 stor banan, moden
¼ tsk Muskatnød, stødt
Chokolade, barberet
Pebermyntestang slik, knust
Bananskiver

Blødgør 1 kuvert gelatine i ¼ kop kold mælk. Tilbered chokoladenøddebudding i henhold til pakkens anvisninger med 1-¾ kopper mælk. Brug varm budding til at opløse gelatine. Rør kanel i og afkøl. Pisk en kop tung fløde og vend den i den kølige chokoladeblanding. Hæld i en 1-liters souffléskål og afkøl, indtil den er fast. Surround fad med en aluminiumsfoliekrave, der hæver niveauet af fadet 1-½ tommer. Tape på plads eller bind med snor.

Blødgør den resterende konvolut af gelatine i ¼ kop kold mælk. Tilbered vaniljebudding i henhold til pakkens anvisninger med 1-¾ kopper kold mælk. Brug varm buddingblanding til at opløse gelatine. Mos bananen grundigt og vend den sammen med muskatnød. Pisk den resterende fløde og fold den i banan-buddingblandingen; afkøles lidt. Hæld ovenpå chokoladelaget; chill. Lige før servering drysses med chokoladekrøller eller knust pebermyntekonfekt, hvis det ønskes, og fjern aluminiumsfoliekraven.

80. Schwarzwald soufflé

Gør: 1 portioner

INGREDIENSER:
- 16 ounce surt udstenede kirsebær,
- Drænet (reserverer væske)
- 5 spsk brandy (valgfrit)
- 4 firkanter (1 oz hver) bagning
- Chokolade
- 2 konvolutter uden smag
- Gelatine
- 3 æg, adskilt
- 1 dåse (14 oz) sødet kondenseret
- Mælk
- 1½ tsk vanilje
- 1 kop Milnot

Hak kirsebær og mariner i brandy (eller kirsebærvæske). Udblød gelatine i ½ kop kirsebærjuice. Pisk æggeblommer lidt; rør sødet mælk og gelatine i. Opvarm over lav varme, indtil gelatine opløses; tilsæt chokolade og varm indtil smeltet og blandingen tykner lidt. Rør i kirsebær & vanilje; chill indtil blandingen hober sig lidt, når den tabes fra skeen. Pisk Milnot & æggehvider, indtil blandingen holder stive toppe.

Vend gelatineblandingen i. Hæld i 1 liter souffléfad med 3" krave. Afkøl indtil stivnet, flere timer eller natten over. Fjern kraven; pynt med kirsebær, chokoladekrøller eller pisket topping.

81. Blender soufflé

Giver: 4 portioner

INGREDIENSER:
8 ounce skarp cheddarost
1 tsk salt
10 skiver brød, smurt/i tern
4 æg
2 kopper mælk
1 tsk fransk flødesennep
(Kan erstatte $\frac{1}{2}$ t tør sennep) Skær ost i stykker. Bland alle ingredienser i en blender. Tænd for høj hastighed, indtil den er grundigt blandet.

Bages i smurt, udækket, 1-$\frac{1}{2}$ qt gryde i 1 time ved 350 grader.

82. Blintz soufflé

Giver: 8 portioner

INGREDIENSER:
- 8 ounce flødeost; blødgjort
- 2 kopper hytteost, lille ostemasse
- 2 æggeblommer
- 1 spsk sukker
- 1 tsk vaniljeekstrakt
- 6 æg
- 1½ kop creme fraiche
- ⅔ kop sukker
- 2 spsk majsstivelse
- 1 streg kanel, malet
- 1 streg Muskatnød, malet
- Ca. Tilberedningstid: 1:15
- ½ kop appelsinjuice
- ½ kop smør; blødgjort
- 1 kop mel
- ⅓ kop sukker
- 2 tsk bagepulver
- 1 tsk appelsinskal; revet
- 1 kop; Vand
- 1 kop blåbær; frisk
- 2 spsk citronsaft

Blintzes: Kombiner oste, æggeblommer, 1 T sukker og vanilje i en lille skål; pisk ved medium hastighed af en elektrisk mixer, indtil glat.

Stil blandingen til side.

Kombiner 6 æg, creme fraiche, appelsinjuice og smør i beholderen til en elektrisk blender; blend indtil glat. Tilsæt mel, ⅓ kop sukker, bagepulver og appelsinskal; blend indtil glat. Hæld halvdelen af dejen i en smurt 13"x9"x2" bradepande. Hæld flødeostblandingen jævnt over dejen, og fordel forsigtigt med en kniv. Hæld den resterende dej over flødeostblandingen. Bages ved 350°C i 50 til 60 minutter, eller til de er hævede og gyldne.Server straks.

Blåbærsauce: Kombiner sukker, majsstivelse, kanel og muskatnød i en tyk gryde. Rør gradvist vand i. Kog over medium varme, under konstant omrøring, indtil blandingen koger. Kog 1 minut; rør blåbær og citronsaft i. Serveres varm.

83. Blue cheese soufflé

Giver: 6 portioner

INGREDIENSER:
- 1 kuvert gelatine uden smag
- 2 spsk koldt vand
- 4 spsk sødt smør
- 4 ounce flødeost
- 4 ounces blå ost - blødgjort
- 1 æg - adskilt
- 1 tsk dijonsennep
- ½ kop tung fløde--pisket
- Blue Cheese Soufflé

a) Blødgør gelatine i koldt vand, og rør derefter forsigtigt over lav varme for at opløses. Brug en foodprocessor eller elektrisk mixer til at piske smør og oste sammen, tilsæt æggeblomme, sennep og gelatine.
b) Pisk æggehviden stiv, MEN IKKE TØR, og vend forsigtigt i blandingen.
c) Vend derefter flødeskum i. Forbered et 1-kops souffléfad med olieret vokspapir eller folie. Bind fast til fadet med snor.
d) Hæld blandingen i fadet, så den kommer op over siderne og op til toppen af kraven.
e) Afkøl i flere timer eller natten over.

f) Fjern kraven og server med kiks eller rå grøntsager.

84. Blåbær citron soufflé tærte

Giver: 4 portioner

INGREDIENSER:
3 kopper Blåbær, plukket
1 spsk minut tapioka
6 spsk granuleret sukker
3 store æg, adskilt
7 spsk Superfint sukker
$\frac{1}{4}$ kop Plus 3 spsk frisk
Citronsaft (4 citroner)
Revet skal af 2 citroner
$\frac{1}{8}$ tsk salt
1 bagt flaget tærteskal

Forvarm ovnen til 400 grader. I en ikke-reaktiv gryde, smid blåbærene med tapiokaen og granuleret sukker. Lad sidde 5 til 10 minutter under omrøring en eller to gange for at blødgøre tapiokaen. Kog over moderat høj varme, under omrøring af og til, indtil blandingen koger op. Fjern fra varmen. Hæld i en rustfri stålsi sat over en skål. Gem den afdryppede juice.

Brug en elektrisk mixer til at piske æggeblommerne med 4 spsk superfine sukker, indtil de er blege og tykke, cirka 2 minutter. Pisk gradvist citronsaften i og derefter skalen.

Overfør blandingen til en ikke-reaktiv gryde og kog over lav varme under konstant omrøring med en gummispatel, indtil den tykner, ca. 8 minutter; må ikke koge.

Skrab i en skål og stil til afkøling på en rist. Stamme.

Brug rene piskeris til at piske æggehviderne, indtil de er skummende. Tilsæt salt og pisk, indtil der dannes bløde toppe. Tilsæt de resterende 3 spsk superfint sukker, ½ spsk ad gangen, pisk godt efter hver tilsætning. Pisk ved høj hastighed, indtil hviderne er blanke, men ikke tørre, cirka 20 sekunder længere. Brug en gummispatel til at røre en tredjedel af de piskede hvider i blommeblandingen. Vend forsigtigt de resterende hvider i. Hæld blåbærene i den bagte Flaky Pie Shell og dryp 2½ spsk af den drænede saft over dem. Hæld souffléblandingen over bærrene; fordel forsigtigt for at dække bærrene, rør ved tærtebunden rundt om. Bages midt i ovnen i cirka 15 minutter, til toppen er flot brunet. Overfør tærten til en rist for at køle lidt af. Serveres lun eller ved stuetemperatur.

85. Brynnie soufflé med myntecreme

Gør: 12 portioner

INGREDIENSER:
- ⅔ kop piskefløde
- 3 ounce hvid chokolade; fint hakket
- ¼ teskefuld romekstrakt; eller efter smag
- 1 pakke Pillsbury Rich & Moist Brownie Mix
- ½ kop vand
- ½ kop olie
- ½ tsk mynteekstrakt (valgfrit); eller mere efter smag
- 4 æg; adskilt
- Flormelis
- Myntekviste; til pynt

a) Spray en 9 eller 10-tommer springform med nonstick madlavningsspray.
b) Mikrobølgecreme på høj i 45-60 sekunder eller indtil varm. Tilsæt hvid chokolade og mynteekstrakt; rør til chokoladen er smeltet.
c) Stil på køl i mindst en time eller indtil godt afkølet.
d) I mellemtiden i lge. skål, kom brownieblanding, vand, olie, mynteekstrakt og æggeblommer sammen; slå 50 slag med en ske. Pisk æggehvider i en lille skål, indtil der dannes

bløde toppe. Vend gradvist i brownieblandingen. Hæld dejen i sprøjtet pande.
e) Bages ved 375° eller indtil midten er næsten sat. Afkøl 30 minutter. (Center vil synke lidt.) Drys toppen af kagen med pulveriseret sukker.
f) Lige før servering piskes den afkølede myntecreme, indtil der dannes bløde toppe. Skær kagen i tern; top hver kile med myntecreme. Pynt med myntefjedre.

86. Carob-mokka soufflé

Gør: 4 portioner

INGREDIENSER:
- 2 spsk blødgjort smør
- 1 spsk ubleget hvidt mel
- ⅓ kop mælk
- 4 spiseskefulde honning
- 2 spsk johannesbrødpulver
- 1 spsk Kaffelikør eller kornkaffe
- 1 tsk vaniljeekstrakt
- 1 spsk arrowroot pulver
- 2 spsk appelsinjuice
- 2 æggehvider

a) Forvarm ovnen til 375 grader F. Brug 1 spiseskefuld af smørret til at smøre 4 vanillecremekopper let.
b) Smelt det resterende smør i en lille gryde ved middel varme. Rør mel i og kog i 2 minutter under konstant omrøring. Hæld mælk i og kog indtil blandingen tykner.
c) Fjern fra varmen og tilsæt honning, johannesbrødpulver, kaffelikør og vanilje. Bland arrowroot med appelsinjuice og tilsæt til johannesbrødblandingen.
d) Pisk æggehvider, indtil der dannes stive toppe. Fold i johannesbrødblanding og hæld i

forberedte vanillecremekopper. Sæt vanillecremekopper i en lav bradepande og fyld med varmt vand til halvdelen af pandens højde.

e) Bag souffléen, indtil den er let hævet og spændstig (15 til 20 minutter). Lad afkøle og server.

87. Bil en mel æblenøddesoufflé

Gør: 10 portioner

INGREDIENSER:
2 kuverter uflavored gelatine
10 spsk brunt sukker -- delt
3 æg -- adskilt
3 kopper mælk
2 æbler, skrællet, kernehus og hakket
2 spsk smør eller margarine
1½ tsk vaniljeekstrakt
1½ dl tung fløde - pisket
½ kop pekannødder - hakkede

I en mellemstor gryde blandes gelatine med 8 spsk sukker; blend i æggeblommer pisket med mælk. Lad stå 1 min. Sæt over lav varme og rør, indtil gelatinen er helt opløst, cirka 5 minutter. Tilsæt æbler, smør og vanilje; fortsæt med at lave mad under konstant omrøring i 5 minutter, eller indtil æblerne er møre. Hæld i en stor skål og afkøl, under omrøring af og til, indtil blandingen hæver sig lidt, når den tabes fra en ske.

Pisk æggehvider i en mellemstor skål, indtil der dannes bløde toppe; tilsæt gradvist de resterende 2 spsk sukker og pisk til det er stift. Fold æggehvider, derefter flødeskum og pekannødder i gelatineblandingen. Vend til en 1-qt soufflé skål med en 3-tommer krave eller en 2-qt skål; chill indtil sæt. Fjern kraven; pynt, hvis det ønskes, med yderligere æbler og pekannødder.

88. Kastanje soufflé

Gør: 4 portioner

INGREDIENSER:
4 æggeblommer
1 kop usødet kastanjepuré
⅓ kop sukker
3 spsk mælk
1 spsk brandy
4 æggehvider
Usødet flødeskum

I en lille mixerskål pisk æggeblommer, indtil de er tykke og citronfarvede, ca. 5 minutter; sæt til side. I en lille røreskål pisk puré, sukker, mælk og brandy, indtil det er glat. Pisk æggeblommer i, indtil det er godt blandet. Vask piskeris grundigt. Pisk æggehvider i en stor røreskål, indtil der dannes stive toppe.

Fold de piskede hvider i kastanjeblandingen. Vend til et usmurt 1½ liter souffléfad. Bages i en 350F ovn i 35 til 40 minutter. Server straks. Top med usødet flødeskum.

89. Chokolade pebermynte souffléer

Gør: 8 portioner

INGREDIENSER:
- 3 spsk usaltet smør
- 5 store æggeblommer
- 3 spsk mel
- 6 store æggehvider
- 1 kop 2% fedtfattig mælk
- ¼ tsk fløde tatar
- ¼ tsk salt
- ⅓ kop pebermynte slik; knust
- pebermynte slik; (ca. 3 ounce)
- 6 ounce halvsød chokolade; hakket
- ½ kop vand
- ⅔ kop sukker
- 1 tsk vanilje-chokolade-pebermyntesauce---
- 1 kop piskefløde
- 1 kop pebermynte slik; knust
- ¼ kop vand
- 6 ounce halvsød chokolade; hakket

a) Forvarm ovnen til 400 ¼. Smør otte 1 ¼ kop souffléfade. Drys med sukker; ryste overskydende ud. Læg plader på en stor bageplade. Smelt smør i en medium gryde ved middel varme. Tilsæt mel. Pisk indtil blandingen er glat og bobler, cirka 2 minutter. Øg varmen til medium-høj.

b) Pisk gradvist mælk i. Bring det i kog under konstant piskning. Kog indtil tyk og glat, cirka 1 minut. Bland i salt. Fjern fra varmen. Pisk chokoladen i til den er smeltet. Tilsæt vand, ⅓ c sukker og vanilje; pisk indtil det er blandet. Afkøl til stuetemperatur, cirka 25 minutter. Pisk æggeblommer i.

c) Brug en elektrisk mixer, pisk æggehvider og creme af tatar i en stor skål, indtil der dannes bløde toppe. Tilsæt gradvist ⅓ c sukker, pisk indtil det er stift og blankt. Vend ¼ æggehvider i chokoladeblandingen. Vend forsigtigt chokoladeblandingen ind i de resterende hvider i 3 tilsætninger.

d) Fordel blandingen mellem tilberedte retter (fyldet når næsten til toppen).

e) Drys knust slik over souffléerne. (Kan laves 3 dage frem. Pak i folie og frys; må ikke tø op. Afdæk før bagning.) Til sauce: kom fløde, slik og vand i en mellemstor gryde. Rør over medium varme, indtil slik smelter. Fjern fra varmen. Tilsæt chokolade og rør til det er smeltet og glat. Serveres lun eller ved stuetemperatur.

f) Forvarm ovnen til 400 $\frac{1}{4}$. Bages, indtil souffléerne er hævede og næsten faste at røre ved, men stadig bløde i midten, ca. 30 minutter for ufrosne, 40 minutter for frosne. Server straks med chokoladepebermyntesauce.

90. <u>Chokolade chippy crunch soufflé</u>

Giver: 4 portioner

INGREDIENSER:
- 1 spsk usaltet smør
- 8 spsk granuleret sukker
- 6 ounces halvsød chokolade, ødelagt
- I 1/2-ounce stykker
- 2 ounce usødet chokolade,
- Opdelt i 1/2-ounce
- Stykker
- 4 store æggeblommer
- ¼ kop tung fløde
- 8 store æggehvider
- 3 dyb mørk chokolade fudge
- Cookies, skåret i tomme stykker
- ½ kop halvsød chokoladechips

a) Forvarm ovnen til 350 grader.
b) Smør indersiden af hver soufflékop let med smør.
c) Drys indersiden af hver kop med 1½ tsk perlesukker. Stil til side, indtil der skal bruges. Opvarm 1 tomme vand i den nederste halvdel af en dobbeltkedel over medium varme.
d) Placer den halvsøde og usødede chokolade i den øverste halvdel af dobbeltkedlen.

e) Dæk toppen tæt med plastfolie. Opvarm i 6 til 8 minutter.
f) Tag det af varmen og rør til det er glat.
g) Overfør chokoladen til en stor skål af rustfrit stål. Brug et piskeris til at røre æggeblommer og fløde i, indtil de er grundigt kombineret. Sæt til side.
h) Læg æggehviderne på skålen med en el-mixer udstyret med en ballonpisk. Pisk højt, indtil der dannes bløde toppe, cirka 1 minut.
i) Tilsæt det resterende sukker og fortsæt med at piske højt, indtil der dannes stive toppe, cirka 45 til 50 sekunder. Fjern skålen fra røremaskinen.
j) Brug en gummispatel til at folde omkring $\frac{1}{4}$ af de piskede æggehvider i den smeltede chokoladeblanding, og vend derefter de resterende æggehvider i.
k) Fordel souffléblandingen jævnt i de forberedte soufflékopper, fyld dem til $\frac{1}{2}$ tomme under kanten af koppen. Fordel og drys småkagestykkerne og chokoladechipsene over toppen af souffléblandingen.
l) Stil souffléerne på midterste hylde i den forvarmede ovn.

m) Bages indtil en tandstik indsat i midten kommer ud ren, omkring 22 til 26 minutter. Tag ud af ovnen og server med det samme.

91. Kold frugt soufflé

Gør: 1 portioner

INGREDIENSER:
- 1 kuvert gelatine uden smag
- 2 spsk citronsaft
- 6 æggeblommer
- ⅓ kop honning
- 1 kop pureret frugt
- 2 spsk Grand Marnier likør
- 6 æggehvider; slået stift
- 1 kop tung fløde; pisket pynt--
- Friske frugter og myntekviste

a) Forbered 1-liters soufflefad med krave. Blødgør gelatine i citronsaft. I toppen af en dobbelt kedel, pisk æggeblommer og honning indtil glat og tyk.

b) Placer over varmt vand, tilsæt blødgjort gelatine, og fortsæt med at piske.

c) Tilsæt frugtpuré og likør og rør til blandingen tykner. Fedt nok.

d) Vend æggehviderne i og derefter flødeskum. Hæld i tilberedt soufflefad og stil på køl i mindst fire timer. Når du er klar til servering, fjern kraven og pynt med frugt.

92. Crockpot ost soufflé

Gør: 1 portioner

INGREDIENSER:
- 8 skiver brød
- 8 ounce revet ost
- 4 æg
- 1 kop mælk
- 1 kop inddampet mælk
- ¼ tsk salt
- 1 spsk Persille
- Paprika
- 1 kop kogt kød (valgfrit) skinke

a) Smør gryden let.
b) Læg brød, ost og kød i lag (hvis du bruger det).
c) Pisk æg, mælk, inddampet mælk, salt og persille sammen.
d) Hæld brød og ost i gryden.
e) Drys toppen med paprika.
f) Dæk til og kog på lavt niveau i 3-4 timer.

93. Daiquiri soufflé

Giver: 4 portioner

INGREDIENSER:
½ kop koldt vand
1 spiseskefuld gelatine uden smag
4 store æg, adskilt
¾ kop sukker
1 hver skal af citron og lime
2 spsk limesaft
2 spsk citronsaft
4 spsk lys rom
1 kop flødeskum

Kom vand i en gryde. Drys gelatine på toppen; lad stå i mindst 5 minutter. Pisk æggeblommer og sukker sammen til det er lyst og luftigt. Tilsæt lime og citronskal; bland for at blande. Kog gelatineblandingen ved svag varme, indtil den er opløst. Tilsæt æggeblommeblanding; kog forsigtigt under konstant omrøring, 3 til 5 minutter. Lad ikke blandingen koge, ellers kan den stivne.

Fjern fra varmen; rør rom, citron og limesaft i. Afkøl indtil lige begynder at gelere. Dette kan fremskyndes ved at stille skålen på en isleje. Rør af og til for at forhindre dannelse af gelé. Pisk fløde i en skål, indtil der dannes bløde toppe. Vend flødeskum og pisket æggehvider i gelatineblandingen. Hæld i tilberedt fad. Chill.

Pynt med flødeskum, violer og limeskiver.

94. Drambuie soufflé

Giver: 4 portioner

INGREDIENSER:
4 store æg; adskilt
1 ounce smør
1 ounce almindeligt mel
¼ pint mælk
3 ounces strøsukker
4 spsk Drambuie
Vanilje essens

Selvom denne soufflé er lækker alene eller med enkelt creme, så prøv den med en sauce lavet af (skotske) hindbær - du vil finde kombinationen fremragende.

Smør et souffléfad let (2 pint til 4 portioner) og drys det med flormelis.

Smelt smørret, rør melet i, tag det af varmen og bland gradvist mælken i. Når saucen er jævn, vend den tilbage til varmen og bring den i kog, så den bliver tyk, mens du rører hele tiden. Rør æggeblommerne i en ad gangen, og pisk derefter flormelis i med Drambuie og vaniljeessens.

Pisk æggehviderne, indtil de står i bløde toppe, brug derefter en metalske let og fold dem hurtigt i sauceblandingen.

Vend souffléen i fadet og bag den midt i ovnen ved 375 F i cirka 40 minutter eller indtil den er godt hævet og gyldenbrun.

Drys lidt flormelis over toppen og server med det samme.

95. Frosset grand marnier soufflé

Gør: 4 portioner

INGREDIENSER:
5 hele æg
¼ kop granuleret sukker, plus ekstra til afstøvning af retter
Blødgjort smør
1 kop tung creme, plus
½ kop tung creme
3 spsk konditorsukker
¼ kop Grand Marnier
2 spsk appelsinskal
½ kop orange segmenter

Kombiner æg og perlesukker i toppen af en dobbeltkedel af rustfrit stål, og pas på ikke at røre æggene sammen, pisk ved svag varme, indtil blandingen er gylden og tyk nok til at dække bagsiden af en ske med bånd. Fjern fra varmen og stil blandingen til side til afkøling.

Mens æggeblandingen afkøles, tilbered fire ½ kop souffléretter ved at skære vokspapir, der er langt nok til at omslutte hver souffléskål to gange, og stå 3 til 4 tommer over dens top. Pak det voksbehandlede papir tæt rundt om ydersiden af fadet og forsegl kanterne med gennemsigtig tape. Smør indersiden af fadet med blødt smør, drys derefter med perlesukker, og tap eventuelt overskydende sukker ud på en tallerken.

Brug en elektrisk mixer til at kombinere 1 kop tung fløde, konditorsukker og Grand Marnier, appelsinskal og pisk til faste toppe. Vend forsigtigt flødeskummet i æggeblandingen med en spatel. Hæld blandingen i de smørsmurte souffléfade, fyld dem over kanten og ind i området omgivet af vokspapiret.

Stil souffléerne i fryseren, i mindst 4 timer, gerne natten over. Når du er klar til servering, piskes den resterende fløde, indtil der dannes bløde toppe, fjern den fra den frosne soufflé fra fryseren og fjern forsigtigt den voksbehandlede papirkrave. Top med en klat flødeskum og flere appelsinsegmenter.

96. Frugtkage souffléer

Giver: 1 portion

INGREDIENSER:
3 spsk granuleret sukker plus yderligere til
; dryss ramekins
1½ kopper smuldret frugtkage
¾ kop smuldret hvidt brød
½ kop mælk
3 store æg; adskilt
2 spsk konditorsukker

a) Smør otte 1-kops ramekins og drys dem med det ekstra perlesukker. Bland frugtkagen, brødet og mælken godt i en lille skål, og lad blandingen stå tildækket ved stuetemperatur i 15 minutter.
b) Pisk æggeblommerne og de resterende 3 spsk granuleret sukker i en metalskål med en bærbar el-mixer, indtil blandingen er godt blandet, sæt skålen over en gryde med kogende vand, og pisk blandingen, indtil den er tyk og bleg.
c) Tag skålen af panden og pisk frugtkageblandingen i.
d) Pisk hviderne i en skål, indtil de er skummende, pisk konditorens sukker i, sigtet, og pisk hviderne, indtil de lige holder stive toppe. Fold marengsen forsigtigt men grundigt ind i

frugtkageblandingen og fordel dejen mellem ramekins.

e) Bag souffléerne midt i en forvarmet 375F. ovnen i 12 til 15 minutter, eller indtil de er gyldne og en kniv indsat i midten kommer ren ud.

97. Glace rød hindbær soufflé

Giver: 8 portioner

INGREDIENSER:
- 20 ounce hindbær; Frosset
- ¾ kop sukker
- ⅓ kop; vand
- 6 æg; adskilt
- 2 kopper piskefløde; pisket

a) Kog hindbær ved lav varme, indtil væsken næsten er væk (ca. 15 minutter). Stil til side til afkøling.
b) Kombiner sukker og vand i en mellemstor gryde; bring i kog og kog hurtigt i 3 minutter til blød kuglestadie.
c) I en lille røreskål pisk æggeblommer, indtil de er tykke og citronfarve.
d) Med mixer på medium hastighed, hæld langsomt varm sirup over æggeblommer; pisk til det er tykt og let.
e) Fold hindbær i. Pisk æggehvider, indtil der dannes stive toppe. Vend i hindbærblandingen.
f) Vend flødeskum i. Tape 2-tommers stående kraver af aluminiumsfolie omkring 8 individuelle soufflefade eller kopper.
g) Hæld hindbærblandingen i, fyld til toppen af kraven.

h) Fryse. Fjern kraven for at servere. Pynt med flødeskum og frisk hindbær.

98. Hominy soufflé

Giver: 8 portioner

INGREDIENSER:
1 kop mælk
1 kop vand
½ kop hominy gryn
2 spsk Smør, smeltet
¾ tsk salt
3 æg, adskilt, godt pisket

1. Kog mælk og vand i toppen af en dobbeltkedel.

2. Tilsæt hominy gryn under omrøring, indtil det er tyknet; kog 1 time.

3. Afkøl; tilsæt smør, salt og æggeblommer, bland godt.

4. Vend forsigtigt stift piskede æggehvider i.

Hæld blandingen i en godt smurt gryde; bages i forvarmet 325'F. ovn 45 minutter.

99. Jasmin te soufflé med citrongræs-is

Giver: 6 portioner

INGREDIENSER:
- $\frac{1}{2}$ kop løse jasmin teblade
- $\frac{1}{4}$ kop løse oolong teblade
- 1 kop mælk
- 3 kopper tung fløde
- 2 tahitiske vaniljekorn; delt på langs,
- Og skrabet
- $\frac{1}{2}$ kop honning
- 10 æg; adskilt
- $\frac{1}{2}$ kop majsstivelse
- $\frac{1}{2}$ kop sukker; (1/4 kop til æggeblommer,
- Og 1/4 kop til hvide)
- 6 smurte og sukkersurede seks ounce ramekiner
-
- Citrongræs is

a) I en ikke-reaktiv gryde ved lav varme blandes te, fløde, mælk og vaniljekorn/stænger og koge op. Lad det simre i 20 minutter, tag derefter komfuret af og lad det trække yderligere 30 minutter.

b) Si den infunderede væske og opvarm igen med honningen til en simre. I en skål af rustfrit stål piskes de 10 æggeblommer, majsstivelse og $\frac{1}{4}$ kop sukker sammen. Temperer blommerne ved kun at tilføje en slev varm creme til blommerne. Bland godt og tilsæt derefter den tempererede blanding tilbage til gryden.

c) På medium varme, pisk konstant, indtil det tykner, og kog derefter yderligere 3 til 5 minutter.

d) Der skal opnås en konsistens med konsistenscreme. Overfør bunden til en lille hotelpande, forsegl med plastfolie og stil i køleskabet. Basen kan laves 24 timer i forvejen.

e) Forvarm en bageplade i en 375 grader varm ovn. Pisk æggehviderne med 1 spsk sukker i en opretstående røremaskine udstyret med et piskesæt på langsomt. I løbet af ca. 8 til 10 minutter opnås bløde toppe. Tilsæt resten af sukkeret og pisk ved høj hastighed i to 5 sekunders skud.

f) I en stor rustfri skål piskes den afkølede cremebase i hånden, indtil den er glat. Brug en spatel og vend forsigtigt æggehviderne i i et volumenforhold på 50/50. Arbejd hurtigt, men bland ikke for meget.

g) Basen skal være en homogen farve. Fyld ramekins til toppen. Slip hver enkelt fra en højde på 3 tommer for at sprede eventuelle uønskede bobler.

h) Læg på en opvarmet bageplade og bag i 12 minutter. Efter 6 minutter vil souffléerne begynde at hæve. Tjek de hævede souffléer for at se, om nogen kanter sidder fast på kanten af ramekinerne; Åbn om nødvendigt ovnlågen og skær forsigtigt den klæbende del i skiver med en skærekniv.

i) Souffléerne vil rette sig selv.

j) Når siderne af souffléen er gyldenbrune (nøglen til, at en soufflé ikke falder, er de sprøde, gyldenbrune sider), skal du trække ud af ovnen og drysse toppen med konditorsukker.

k) Server straks med en kugle citrongræsis.

l) Til plating: Placer soufflé på tallerken. Skær en åbning i toppen af souffléen og kom en kugle is indeni.

100. Orange - æggesnapssoufflé

Giver: 6 portioner

INGREDIENSER:
- 2 kuverter unflavored gelatine
- ¾ kop sukker, opdelt
- 8 ounce halvsød chokolade,
- Groft hakket
- 2 tsk vaniljecreme sauce
- Flødeskum
- Ristede mandler
- ¼ tsk salt
- 5 æg, adskilt
- 1 kop vand
- ¼ kop frossen appelsinjuice
- Koncentrere
- 1 tsk revet appelsinskal
- 2 kopper æggesnaps
- 1 spsk romekstrakt
- ¼ tsk fløde tatar
- 2 kopper piskefløde, delt
- Appelsin skive

a) Bland gelatine med ¼ kop sukker og salt. Pisk æggeblommer med vand og appelsinsaftkoncentrat. Tilsæt til gelatineblandingen.

b) Rør over lav varme, indtil gelatinen er helt opløst, 5 til 8 minutter.
c) Fjern fra varmen.
d) Tilsæt appelsinskal, æggesnaps og romekstrakt.
e) Afkøl, under omrøring af og til, indtil blandingen stiger lidt, når den tabes fra en ske.
f) Pisk æggehvider med creme af tatar indtil skummende; tilsæt gradvist det resterende sukker og pisk, indtil der dannes bløde toppe.
g) Vend gelatineblandingen i. Pisk $1\frac{1}{2}$ kop fløde, indtil der dannes bløde toppe; fold i gelatineblandingen.
h) Hæld i 1 qt. Souffléfad med krave. For at lave en krave, riv et 4" stykke folie af 4" længere end fadets omkreds. Fold den i tredjedele på langs. Placer rundt om toppen af fadet og tape det sammen, så det sidder godt fast.
i) Afkøl indtil stivnet, mindst 6 timer. Fjern kraven.
j) Pisk den resterende $\frac{1}{2}$ kop fløde til den er stiv; Pynt med flødeskum og appelsinskive.

KONKLUSION

Afslutningsvis er Soufflé-kogebogen et must-have for alle, der elsker den delikate og lækre smag af souffléer. Med 100 opskrifter at vælge imellem, løber du aldrig tør for ideer til at skabe nye og spændende soufflékreationer. Uanset om du er en erfaren kok eller en nybegynder kok, er denne kogebog designet til at hjælpe dig med at lave de perfekte souffléer hver gang.

Så hvorfor vente? Få dit eksemplar af Soufflé-kogebogen i dag, og begynd at skabe de mest himmelske souffléer, der får dine gæster til at tigge om mere!

www.ingramcontent.com/pod-product-compliance
Lightning Source LLC
Chambersburg PA
CBHW070641120526
44590CB00013BA/809